Sabine Mühlen

I0479422

Daytrading für Einsteiger

So erzielen Sie schnelle Gewinne an der Börse

Sabine Mühlen

Sabine Mühlen

I. Einleitung

Daytrading ist immer mehr in den Köpfen der Menschen verankert. Doch ist das Trading im Internet wirklich eine Lösung, um der Welt der niedrigen Zinsen zu entkommen?

Sachwerte – so wird es immer wieder in den Medien und auch von zahlreichen Banken verkündet – damit soll man noch Geld verdienen können. Möchten auch Sie sich nicht von dem Tal einer Welt ohne Zinsen und schlechten Renditen aus der Ruhe bringen lassen und endlich mehr aus ihrem Vermögen machen? Genau dann liefert Ihnen dieser Ratgeber viele wichtigen Ideen und Tipps für den Alltag. Nicht erst seit die Minus-Zinsen immer stärker angeprangert werden, die sich aber dennoch immer flächendeckender durchsetzen, sollte jeder wissen, der mehr aus seinem Vermögen generieren will: „Jetzt bin ich selbst gefordert, endlich wieder am Markt rund ums Geld auch zu verdienen!"

Wenn Sie sich als Einsteiger über die Basics rund um Daytrading beschäftigen möchten, dann liegen Sie mit diesem Buch genau richtig. Daytrading ist längst ein innovatives Mittel, um sein Vermögen zu vermehren und der Inflation den Kampf anzusagen. Mit der richtigen Strategie in Sachen Daytrading kann jeder sein Vermögen aufbauen und sich rund um das Thema der Finanzen intensiv beschäftigen.

Doch muss man sich nicht den ganzen Tag am Laptop oder

Sabine Mühlen

Smartphone aufhalten, damit man weiß, wie der Markt rund um die Finanzen funktioniert?

Ist Daytrading nicht nur das Richtige für absolute Profis an Börse und rund um die Depotverwaltung? Wie wird der Aktienmarkt wirklich verlaufen oder sollte man lieber auf Rohstoffe wie Gold und Silber bauen, damit man mehr aus seinem Vermögen macht?

Fragen über Fragen…

Diese Fragen und viele mehr werden Ihnen in diesem, in leicht verständlicher Sprache geschriebenen Ratgeber beantwortet. Daytrading ist mehr, viel mehr, als sich nur mit einem einfachen Depot zu beschäftigen. Daytrading macht Spaß und weckt positive Emotionen, wenn sich Ihr Geld vermehrt. Dennoch ist Vorsicht angebracht, dass nicht die alte Börsenweisheit „Gier frisst Hirn" Sie überkommt und Sie alles verlieren, was Sie bereits als Gewinn geglaubt haben. Deshalb ist dieses Buch sehr neutral beschrieben und liefert Ihnen die Grundlagen rund um Daytrading mit allen Chancen und Risiken, die mit diesem Geschäft verbunden sind. Wer an die „wundersame Geldvermehrung" glaubt und denkt, dass er ohne großen Einsatz sehr schnell zum Millionär werden kann, hat sich getäuscht. Speziell aus diesem Grunde ist dieser Ratgeber für Einsteiger so geschrieben, dass jeder Mensch von der Pike auf

Sabine Mühlen

die Basics rund um Futures, Forex, Derivaten und andere Fachbegriffe versteht. Ähnlich wie beim Trading ist wichtig, dass jeder Investor erkennt, dass es nicht zwingend für den langfristigen Vermögensaufbau geeignet ist, sich mit dem Tageshandel rund um Forex und Co zu beschäftigen. Zahlreiche Investmentbanken jedoch wollen nur ihre „teuren Fonds" verkaufen, an denen vor allem einer verdient: Der Anbieter bzw. die Bank oder die Fondsgesellschaft. Daytrading bedeutet vor allem, dass Sie neben den Banken es selbst versuchen, in den Tageshandel rund um Futures, Termingeschäfte und Co einzusteigen. Dass man hier schon einiges über den Markt verstehen sollte, wenn Sie als Trader nachhaltig Geld verdienen möchten, liegt auf der Hand. Genau aus diesem Grunde ist dieser Ratgeber für den Neuling im Trading eine sehr gute Basis, damit er die Chancen nutzt und möglichst keine Verluste einfährt.

Jeder, der dieses Buch liest, wird also sicher nicht erleben, dass er sein Geld ohne sein Zutun schnell vermehren kann und dabei keine Risiken eingehen wird. Objektivität ist gefragt, wenn man den „Kampf gegen die großen Investmentbanken" gewinnen will, denn eines steht unumstritten fest: Viele große Bankhäuser und Investmentfirmen beschäftigen sich seit vielen Jahren mit dem Handel rund ums Daytrading und haben den Beruf des Bankers erlernt. Wer am Markt selbst agiert, setzt sich also auch immer automatisch dem absoluten „Profi"

Sabine Mühlen

auseinander.

Angebot und Nachfrage geben sich zu jeder Zeit die Hand, damit überhaupt ein Handel an der Börse zustande kommt. Doch zu viel wird hier in der Einleitung nicht verraten. Schließlich haben Sie sich genau dieses Buch gekauft. So können Sie einfache Zusammenhänge rund um die Börse verstehen und wissen, wie das Daytrading funktioniert. Dabei sollten Sie bestimmte Begrifflichkeiten und Grundlagen rund um die Welt der Finanzen wie S & P 500, Futures, Forex oder CFD`s kennen und vor allem eines: verstehen.

Kein Banker erklärt Ihnen genau den Handel, denn er möchte vor allem seinen Fond verkaufen und ein Depot eröffnen. Damit Sie selbst wissen, wie Sie beim Trading im Tagesgeschäft nicht auf andere Menschen angewiesen sind und dennoch nur überschaubare Risiken eingehen, sollten Sie sich dieses Buch im Detail zu Gemüte führen. Es dient als objektives Nachschlagewerk und ist von einer Investmentbankerin geschrieben, die selbst lange im Wertpapiergeschäft tätig war. Die „Bullen und Bären" der Frankfurter Börse sollten Sie kennen. Sie sind nicht nur die Markenzeichen, wie schnell der Bulle mit seinen Hörnern den Markt nach oben treibt und der Bär diesen wieder in einem Rausch nach unten drückt, sondern die Tiere werden auch in Fachausdrücken verwendet.

Sabine Mühlen

Daytrading heißt, zu verstehen, wie jeder Anleger mit Futures, Derivaten und Co agieren sollte, damit am Ende eines übrigbleibt: der Gewinn im Depot. Wenn's ums Geld geht, sollte man nichts dem Zufall überlassen. Deshalb ist dieses Buch das genau richtige Instrument dafür, Chancen zu nutzen und Risiken zu reduzieren. Nur so wird auf Dauer mehr aus Ihrem Geld. Jeder, der manchmal kompliziert erscheinenden Weisheiten rund um die Börse und ums Daytrading verinnerlicht hat, kann auch sein Wissen nutzen und Geld an der Börse verdienen. Hier ist es ein Leichtes, mit Währungen, Aktien oder Märkten vielseitiger Art Cash einzunehmen. Klingt das nicht nach einem guten Plan, damit auch genau Sie den niedrigen Zinsen den Kampf ansagen? Geld verdienen macht Spaß! Chancen zu nutzen bereichert das Leben! Am Markt rund um Währungen und Konzerne mit dabei zu sein, das öffnet neue Türen, sich einmal ganz besondere Dinge leisten zu können. Mit diesem Fachwissen, das in diesem Buch vermittelt wird, schaffen Sie die besten Grundlagen dafür, dass Sie endlich mehr aus Ihrem Vermögen machen.

Sabine Mühlen

II. Die Definition vom Daytrading

Die großen Versprechen der Börsen-Gurus und augenscheinlich so erfolgreichen Spekulanten, die im Netz ihre Wahrheiten verkünden, sind sehr vielseitig. Hier wird oft propagiert, sehr schnell das große Geld zu verdienen. Trader und Daytrader können über gewisse Portale im Internet anscheinend sehr viel Zaster verdienen, ohne eine sehr hohe Investitionssumme im Vorfeld zur Hand nehmen zu müssen.

Doch was ist überhaupt die genaue Definition von einem Daytrader?

Beim Daytrader handelt es sich um nichts anderes als die Tatsache, dass eine Person mit einer kurzfristigen Spekulation innerhalb eines Tages Geld verdienen möchte. Im Klartext will ein Anleger sich innerhalb eines Tages ein bestimmtes Wertpapier kaufen, um es am gleichen Tag mit großen Gewinnen wieder verkaufen zu können.

Die Grundlage dafür ist, dass der Käufer dieses Geschäftes einen Gegenpartner, sprich einen Verkäufer, findet und umgekehrt. Da sich am Markt rund um die Finanzen beim Traden auf der ganzen Welt viele Käufer und Verkäufer treffen, findet sehr häufig ein Handel statt. Allerdings bestimmt natürlich nur der Preis, ob sich Käufer und Verkäufer einig werden. Nur dann kann ein Daytrader Geld verdienen, denn

Sabine Mühlen

ohne einen funktionierenden Markt bzw. Anbieter und Nachfrager, die sich auf einen Kurs einigen, findet natürlich auch kein Geschäft statt. Im Gegensatz zu einem „normalen Trader" will der Daytrader somit das investierte Geld innerhalb eines einzigen Tages am Abend sein investiertes Geld zzgl. Gewinn zurückhaben, damit er mit seinem Tagesdeal zufrieden ist. Damit man innerhalb nur weniger Stunden bzw. während eines einzigen Tages viel Geld in einem Depot beim Daytrading verdienen kann, ohne hohe Summen investieren zu müssen, kann das Geschäft „gehebelt" werden. Wer also einen Hebel einsetzt, erzielt vielfache Gewinne – aber auch Verluste, wenn das Geschäft nicht gut enden sollte.

Einen bestimmten Hebel (auch als Leverage bezeichnet) einzusetzen, heißt sozusagen, dass man mit wenig eingesetzten Geld hohe Synergie-Effekte erzielen kann. Somit steigen die Chancen bei größerem Hebel deutlich an, dass am Ende des Tages ggf. hohe Gewinne nach Kosten für den Spekulanten übrigbleiben. Doch eines steht unumstritten fest: Chancen und Risiken geben sich die Hand. Steigen nämlich die Gewinn-Aussichten, dann erhöht sich im gleichen Atemzug auch das Risiko auf Verlust für den Anleger.

Was ist damit genau gemeint?

Wer nur eine geringe Investitionssumme für ein Geschäft aufbringen will, könnte einen Kredit aufnehmen, um Spekulations-Geschäfte tätigen zu können. Doch den Kredit

muss erst eine Bank gewähren, damit man mit dem aufgenommenen Geld in ein Trading-Geschäft investieren kann. Außerdem kostet ein Kredit Zinsen und Gebühren und es Bedarf meist einem Polster an Sicherheiten, damit der Geldanleger überhaupt ein Darlehen aufnehmen kann. So oder so ähnlich ist der Sachverhalt beim Hebel zu erklären. Allerdings wird hier kein realer Kredit aufgenommen, um die Investitionssumme zu erhöhen, sondern dieser Effekt nur mit dem Hebel dargestellt. Es entsteht dabei ein Vorteil, denn mit dem Hebel-Effekt muss der Investor keine Zinsen für ein Darlehen bezahlen, sondern kann durch die Leverage-Stufe einfach die Chance, aber auch sein Risiko, erhöhen. Es wird somit „virtuell" die Investitionssumme erhöht, ohne dass der Anleger tatsächlich mehr Geld in die Hand nehmen muss, das Geschäft zu tätigen. Er steigert dadurch seine Chancen und Risiken mit dem höher angesetzten Hebel. Von einem realen Kredit, der für Spekulationsgeschäfte aufgenommen wird, wird dringend abgeraten.

Was hat CFD mit Daytrading zu tun?

Zudem wird mit dem Daytading sehr oft der Begriff CFD in Verbindung mit dem schnell verdienten Geld erwähnt. Doch: Was genau sind CFD`s überhaupt und ist ein Trakt beim Daytrading denn genau das Gleiche? Die Definition von CFD wird mit Contracts for Difference oder mit dem deutschen Wörtchen Differenzkontrakte übersetzt. Ein Daytrader will

Sabine Mühlen

natürlich aus einem Differenzgeschäft von An- und Verkauf seine Gewinne ziehen. Doch CFD's sind ausschließlich hochspekulative Derivate und eignen sich lediglich für sehr gut informierte Anleger.

Jedem dieser Anleger sollte also vollumfänglich bewusst sein, dass mit den erhöhten Chancen auch ein sehr großes Risiko verbunden ist, das der Trader eingeht. Allerdings sind die erzielbaren Verluste auf das verfügbare Guthaben, das bei einer Bank in Form von einem CFD-Konto hinterlegt wird, begrenzt. Dies dient auch der Sicherheit des Anlegers, der sich natürlich vor Überschuldung schützen sollte. Denn ähnlich wie bei einer Spielbank ist nur wahres Cash das Wahre, damit jeder, der Spaß am Spiel hat, auch seine eingegangene Verpflichtungen erfüllen kann. Fest steht allemal, dass jeder Mensch, der gerne spekuliert und sich auch bei Online-Wetten oder anderen Portalen das schnell verdiente Geld erhofft, beim Daytrading sehr schnell auf die Nase fallen kann, wenn er nicht absolute Wachsamkeit gebühren lässt.

Vermutlich stellen Sie sich jetzt folgende Frage: Worin besteht denn der Unterschied zwischen investieren und traden?

Diese diversen Begriffe stelle ich Ihnen nun wie folgt dar: Ein Investor denkt langfristig und möchte sein Vermögen über Jahre hinweg betrachtet wachsen sehen. Der Trader hingegen denkt sehr kurzfristig. Vor allem der Daytrader will innerhalb nur eines einzigen Tages möglichst sein eingesetztes Kapital

schnell wachsen sehen. Eine Geldanlage für den Investor in Form von Aktien, Rohstoffen, Immobilien, ETF`s und Co wird also in den meisten Fällen auf einen Zeitraum von mindestens fünf Jahren betrachtet. Vermögen soll langfristig und meist unter optimaler Vermögensaufteilung wachsen. In diesem Zusammenhang wird häufig von Banken die vermögensoptimierte Geldanlage auf Dauer propagiert, die unter anderem mit Hilfe vom monatlichen Sparen erfolgen wird. Anders gesagt, wie es auch viele Börsen-Gurus ausdrücken: „Investiere Dein Geld in Aktien, schlafe über Jahre hinweg betrachtet ruhig und gelassen. Wache nach 10 oder 20 Jahren wieder auf und freue Dich über die erzielten Gewinne!"

Ein Investor denkt also auch nicht ständig über die Kurse nach und verfolgt jedes Detail rund um den ganzen Handeslstag am Computer. Er weiß, dass sich jeder Markt nach Krisen meist schnell wieder erholt und verkauft nicht aus einer Panik heraus, wenn er schlau agiert. Der Daytrader ist das komplette Gegenteil vom Investor, denn er denkt kurzfristig. Er ist an schnell erzielten Gewinnen interessiert und will diese in der Regel sofort wieder reinvestieren. Hierbei entsteht nicht selten eine Spielsucht, denn natürlich ist auch jede Menge an Zeiteinsatz gefordert, wenn man beim Daytrading nachhaltig Geld verdienen will. Das Zeitalter der Technik und des Internets macht es möglich: Viele Trader verfolgen über Smartphone, PC, Laptop oder sogar die Smartwatch ihre Kurse. Sie ordern

Sabine Mühlen

während der Busfahrt oder verkaufen, wenn sie per Sprachsteuerung ihre Geschäfte während der Shoppingtour regulieren. Dies kostet jede Menge Zeit und Nerven. Der Daytrader bringt diese Zeit jedoch gerne auf, weil er einfach und im Eiltempo Geldverdienen will. Allerdings sollten Sie sicher nicht euphorisch dieses Buch in Sachen Daytrading lesen, weil Sie sich die „wundersame Geldvermehrung" erhoffen. Außerdem empfehle ich Ihnen dringend, mit dem Daytrading nur mit kleinen Summen zu starten, die Sie auch bei Verlusten entbehren können. Bleiben Sie cool, wenn Sie am Anfang verlieren und werden Sie nicht gierig, wenn Sie Gewinne einfahren. Daytrading ist jedoch mit Arbeit, Energie-Aufwand und jede Menge an Wissen verbunden. Genau deshalb lesen Sie sicher dieses Buch, damit Sie die Basics rund um dieses innovative Geschäft verinnerlichen.

So bringe ich es auf den Punkt: Der Daytrader und der Investor haben nur eines gemeinsam: Sie kennen sich mit den Märkten aus – zumindest sollten sie das! Der Einfachheit halber jedoch werden die Begriffe Trader und Investor in vielen Büchern und Texten oft als Synonyme verwendet. Wundern Sie sich also nicht, wenn so manche Darstellung den Anleger, Depotinhaber, Trader und Investor in einem gleichen Zusammenhang erwähnen.

Kann der Investor auch Daytrading betreiben? Natürlich können auch langfristige Geldanleger es Schritt für Schritt mit dem

Daytrading versuchen. Ich empfehle sogar jedem Menschen, der sich mit dem Thema Daytrading beschäftigt, zuerst einmal ein „normales Depot" für das Investieren (strukturierte Geldanlage auf lange Sicht) und nicht für das Trading anzulegen.

Beispiel:

Peter hat bereits mit einer Summe von 10.000 Euro Erfahrungen im Aktienmarkt gesammelt. Er weiß, dass Kurse steigen und fallen und benötigt dieses Geld nicht unbedingt die nächsten Jahre. So bleibt er relativ gelassen, wenn die Kurse schwanken und spart sogar einen ETF in Form von Edelmetallen monatlich an, weil er weiß, dass Sachwerte die Investition für die Zukunft bedeuten. Mit niedrigen Zinsen will er sich nicht zufrieden geben und investiert aus diesem Grund auch in Aktien und Rohstoffen. Die ca. 15.000 Euro, die Peter in Summe in Aktien und Rohstoffen wie Gold und Öl angespart hat, machen allerdings nur einen Bruchteil seines gesamten Vermögens aus. Peter besitzt eine Immobilie, die er als „Betongold" in bester Lage betrachtet. Zudem besitzt er andere finanzielle Reserven auf Sparverträgen und eine bodenständige Altersversorgung für sich und seine Familie. Außerdem unterhält Peter einen Notgroschen als eiserne Reserve, weil er weiß, dass jederzeit Renovierungen am Haus entstehen können oder auch KfZ-Kosten nicht immer genau kalkulierbar sind. Nun erbt Peter

Sabine Mühlen

unerwartet eine Summe von 5.000 Euro und überlegt sich, ob er nicht mit 1.000 Euro von diesem Betrag ins Geschäft des Daytrading einsteigen möchte. Das wäre ein Anfang für eine ihn neue Erkenntnis, die sich am Wertpapiermarkt längst schon für ihn geöffnet hat. Der Anleger interessiert sich für die Märkte und ihm macht es Spaß, sich mit Kursen in Echtzeit zu beschäftigen. Von Anfang an weiß Peter, dass das Geld auch „verspielt werden kann" und er könnte auch mit einem 100%-igen Verlustrisiko bei der Summe von 1.000 Euro leben. Er bespricht sogar mit seiner Frau sein Vorhaben, die ihm sagt: „Versuche Dich im Trading, wenn Du Lust darauf hast und gerne Zeit damit verbringst, Dich rund um die Märkte zu informieren! Aber starte doch lieber nur mit 100 oder 200 Euro, damit Du ein Gefühl für das Geschäft sammelst. Du kannst ja dann Schritt für Schritt die Summe steigern…."

An diesem Beispiel sehen Sie, dass dieser solide denkende Anleger weiß, worum es beim Daytrading geht. Wer sich mit diesen Kenntnissen ins Daytrading einfühlt und Spaß dabei hat, Kurse zu verfolgen und schnell zu handeln, bietet sich selbst gute Grundlagen dafür, dass Daytrading zu einem Erfolg für ihn werden kann. Peter kann von Anfang bei dieser für Ihn kleinen Summe, die investiert wird, auch mit dem sofortigen Verlustrisiko leben. Dessen ist er sich vollumfänglich bewusst. Sehr vereinfacht dargestellt ist das Geschäft rund um das Daytrading in diesem Kapitel des Buches definiert. Natürlich

Sabine Mühlen

sollte jeder, das empfehle ich sehr dringend, ein Basis-Wissen rund um die Wertpapiere besitzen, bevor er ins Geschäft vom Daytrading einsteigt. Außerdem bedarf es eines grundsätzlichen Interesses rund um Wirtschaft und Finanzen, wenn Sie sich mit schnellen Kursbewegungen an der Börse eine goldene Nase verdienen möchten. Wie die Fakten rund um die Börse zusammenhängen, erfahren Sie als Basis-Instrument im nächsten Kapitel.

Fakt ist allemal, dass Sie keinen großen Internetversprechen vertrauen sollten, die Ihnen plakative Sätze vermitteln wie:

„Werden Sie schnell Millionär beim Daytrading!"

„Verdienen Sie nicht selbst am besten ganz ohne großen Einsatz, wenn Sie Ihr Geld beim Daytrading für sich arbeiten lassen? So macht es Spaß, Ihr Vermögen schnell zu vermehren!"

„Traden Sie und ärgern Sie sich nicht über niedrige Zinsen. So werden Sie schnell reich."

„Dank Daytrading haben es viele Aussteiger geschafft, nie mehr arbeiten zu müssen."

Doch sicher ist Ihnen vollumfänglich klar, dass diese nur Werbebotschaften sind, die Ihnen ein teures Depot vermitteln

Sabine Mühlen

möchten. Bleiben Sie also bei der Realität, wenn Sie sich mit Daytrading beschäftigen. Mit objektiven Wissen werden Sie schnell merken und selbst an der eigenen Geldbörse spüren, welche realen Chancen und Risiken Daytrading wirklich bietet. Sind auch Sie schon neugierig auf all die Fakten rund ums Daytrading, die Sie von der Pike auf kennen sollten?

Sabine Mühlen

III. Die Grundlagen rund um die Börse

Kennen Sie folgenden Spruch vom Börsen-Guru André Kostolany?

„An der Börse sind 2 mal 2 niemals 4, sondern 5 minus 1. Man muss nur die Nerven haben, das minus 1 auszuhalten!"

Im Grundsatz muss also jeder Trader und Investor verstehen, dass die Börse ein großer Markt ist, auf dem Angebot und Nachfrage zusammentreffen. Hier kann man nicht immer klar, sondern man muss durchaus mit allem rechnen...
Wenn ein bestimmter Markt Angebot und Nachfrage beherrscht, ist das im Grundsatz eine ganz einfache Sache: Wenn kein Angebot vorhanden ist, kann der Käufer natürlich auch nicht aktiv werden. Ähnlich wie beim Supermarkt, der am Abend um 19 Uhr vermutlich kein frisches Obst mehr anbietet und Sie eben keine Erdbeeren, Bananen oder Äpfel mehr kaufen können, so ist es auch an der Börse. Wenn niemand genau diesen Trakt anbietet und es Ihnen nicht möglich ist, sich genau in dieses Geschäft einzukaufen, können Sie damit auch kein Geld verdienen. Angebot und Nachfrage geben sich also die Hand, wie man an diesem sehr vereinfacht ausgedrückten Beispiel sicher leicht erkennen kann. Ebenso sollte man verstehen, dass eine vermehrte Nachfrage den Preis nach oben drückt und dann, wenn jeder ein Produkt loswerden möchte, werden in Folge davon die Preise für die jeweilige Ware nach unten rauschen.

Sabine Mühlen

Auch dieses Beispiel kennen wir im täglichen Leben, wenn es nicht um die Finanzen geht: Ist die Nachfrage nach frischem Spargel groß und ist die Ernte rund um dieses Gemüse sehr schlecht, steigt automatisch der Preis für den Spargel. Der Käufer muss also, wenn er sich für keine andere Ware als dieses Edel-Gemüse entscheiden will, bereit dazu sein, auch mehr Geld zu investieren als üblich.

Auch dann, wenn Schnäppchenpreise vorherrschen, weil zum Beispiel die angebotene Ware schlecht wird, wenn sie nicht verkauft wird, profitieren viele Käufer von fallenden Preisen. Noch dazu spielen die Psychologie und der Herden-Drang der Menschen zudem eine große Rolle dafür, wie sich die Märkte entwickeln. Wenn jeder Aktien kauft oder auf eine steigende Währung spekuliert, dann werden die Preise für das jeweilige Produkt automatisch steigen, auch wenn es dafür keinen real zu begründenden Anlass gibt. Natürlich ist dieses Beispiel aus dem Supermarkt nur sehr vereinfacht dargestellt.

Die Börse ist aber ein großer Marktplatz, auf dem sich Käufer und Verkäufer treffen. Dennoch ist der Computerhandel rund um Forex und Derivate natürlich viel, viel größer als ein handelsüblicher Marktplatz in der Nähe von Ihrem Zuhause. Auf der ganzen Welt gibt es Börsenplätze und in der großen, virtuellen Welt im Internet ist es möglich, alle Marktplätze für sich zu nutzen. Sie können also mit dem japanischen Yen ebenso spekulieren wie mit einem Trade von eine US-Goldmine. Da wir auf unserer gesamten Welt außerdem ganz unterschiedliche Zeiten und Börsenhandels-Bedingungen

vorfinden, schließt der internationale Markt praktisch nie. Wenn in Deutschland am Abend die Menschen schlafen gehen, hat der asiatische Markt gerade einmal eröffnet. An der Börse, die sich stets mit dem internationalen Handel beschäftigt, kann auch jeder somit die ganze Nacht oder früh am Morgen mit dem Daytrading aktiv werden. Dennoch sollten Sie sich selbst folgende Fragen stellen: „Möchte ich wirklich die ganze Nacht mit dem Smartphone online sein, damit ich beim Daytrading nachhaltig Geld verdiene?"

Sicher verneinen viele von und genau diese Antwort auf die Frage. Genau aus diesem Grunde sollte man sich genau mit dem Börsenhandel und auch mit dem Trading-Geschäft auskennen, damit man eben nicht rund um die Uhr seine Finanzen im Überblick behalten muss, die sich vermehren sollten. Ein Grund mehr somit, das auch Sie sich mit den hier im Buch neutral ausgeführten Basics rund um das Daytrading auseinandersetzten. Das Grundverständnis sollten Sie mitbringen, wenn Sie sich in die Märkte einkaufen – immer!

Wenn Sie sich also mit folgender Frage beschäftigen: „Was ist denn überhaupt der Markt?", dann werde ich Ihnen jetzt, folgende Antwort geben: Der Markt rund um die Börse gilt als ein großer Sammelbegriff. Der Markt beschreibt somit einen, für das Daytrading üblichen, rein virtuellen Ort, an dem sich Käufer und Verkäufer treffen. An diesem Platz treffen sich, wenn es um das Trading geht, viele Wertpapier oder

Sabine Mühlen

Derivatetransaktionen. In diesem über den Computer stattfindenden Handel treffen sich also Käufer und Verkäufer und tauschen Geld gegen Waren. Wie in einem gewöhnlichen Supermarkt, den wir vor Ort besuchen oder beim Autohandel, werden auch die Preise für alle Wertpapiere als reine Basiswerte über Angebot und Nachfrage bestimmt. Dabei kommen noch viele weiter Faktoren beim Daytrading mit dazu, die mit der Psychologie des Menschen zu tun haben. Außerdem ist es wichtig, dass jeder Investor oder Trader weiß, dass alle Nachrichten und Geschehnisse in der Wirtschaft die Märkte erheblich beeinflussen.

Auch mit den Charts sollte man sich auskennen, wenn man erfolgreich traden möchte. Vor allem politische Einflüsse spielen außerdem eine große Rolle dafür, wie sich die Märkte entwickeln werden.

Hier ein Beispiel zu diesem Aspekt:

Egal, ob man die Ölkrise Anfang der 70-er Jahre oder die Finanzmarkt-Krise, die vor mehr als 10 Jahren, nämlich 2008, stattfand, betrachtet: Solche Vorkommnisse konnte keiner vorhersehen. Die große Pleiten von zahlreichen US-Banken wie Lehman Brothers leiteten den sogenannten schwarzen Freitag ein. Die Kommentare rund um den Globus waren damals recht eindeutig Sie lauteten wie folgt: "Es ist ist absolut größte Tragödie nach der Krise von 1929" oder „Diese Welt

Sabine Mühlen

wird ab jetzt nicht mehr dieselbe sein! Alles verändert sich nach dieser Banken-Pleite, die sicher eine riesig große Wirtschaftskrise nach sich zieht!" Vielleicht erinnern auch Sie sich noch daran, dass ein Auslöser dieser Wirtschaftskrise der zusammenbrechende Markt der US-Immobilien war. Doch die Finanzmarkt-Krise war bei weitem nicht die einzige „böse Blase" rund um die Welt der Finanzen, die wie eine Seifenblase geplatzt ist. Es gibt, wenn man in die Geschichte rund um die Börsen zurückblickt, viele Krisen oder auch Kriege, die die Kurse nach unten drückten und rapide schnell purzeln gelassen haben. Was passiert, wenn derartige Dinge passieren? Dann wird von einem Verkäufermarkt gesprochen. Wenn Sie also im Daytrading, wie viele andere Investoren oder Trader auch, solche Krisen nicht vorhersehen können und Sie dennoch von nach unten rauschenden Kursen betroffen sind, sollten Sie sich dessen im Vorfeld klar werden.

Doch auch der Höhenflug, also eine florierende Wirtschaft und ein Markt, der positive Prognosen aufzeigt, den kennen viele Börsianer oder auch alle Menschen, die sich auch nur einmal am Tag die Nachrichten ansehen und sich über das Weltgeschehen informieren. So war der DAX, also der deutsche Aktienindex, der große Spiegel in der Vergangenheit, der die deutsche, florierende Wirtschaft spiegelte – und er wird es auch in der Zukunft sein. Wenn zum Beispiel in der Automobilindustrie die Absätze ins In- und Ausland positiv zu verbuchen sind, profitiert auch die gesamte Automobilbranche

Sabine Mühlen

von diesem Boom. Durch den globalen Sachverhalt an der Computerbörse und rund um das Internet kaufen jedoch bei solchen guten Aussichten nicht nur deutsche Anleger Werte wie Daimler, BMW und Co. Auch im internationalen Handel werden vermutlich genau bei solchen guten Nachrichten genau die deutschen Automobilwerte gekauft. Doch nehmen wir außerdem eine weitere Tatsache rund um die Industrie der Autos als Grundlage her, die in diesem Beispiel erklärt werden muss. Den Diesel-Skandal kennen die meisten von uns sicher mehr als gut. Dass hier die deutschen Automobilwerte nicht besonders gut wegkamen und noch heute unter den negativen Nachrichten zu leiden haben, liegt auf der Hand.

Folglich purzelten viele Automobilwerte nach Veröffentlichung der manipulierten Zahlen rund um den Diesel schnell nach unten. Auch hierbei konnten Daytrader nicht unbedingt im Vorfeld erkennen, dass die „so soliden Werte wie BMW oder VW" plötzlich 10 % Kursrutsch oder deutlich mehr an einem Tag erleben werden. Natürlich beeinflussen also die Wirtschaftspresse und aktuelle Nachrichten sowie Skandale und zahlreiche Krisen die Märkte. Dessen sollte sich jeder Trader im Vorfeld bewusst sein. Wer also schnell auf den steigenden Euro in jedem Falle baut, ist beim Daytrading falsch unterwegs.

Die Grundlagen rund um die Märkte der Finanzen sollte man mehr den je als Basis verstehen, wenn sich der Geldanleger mit dem Daytrading beschäftigt nur dann, wenn Sie alle Zusammenhänge verstehen und sich auch für die Wirtschaft

interessieren, stehen die Chancen gut, dass Sie beim Daytrading Geld generieren werden.

Sie wissen jetzt, dass es rund um die Märkte Schwankungen geben kann. Diese Schwankungsbreite wird in der Volatilität, kurz Vola, gerade in der Sprache rund um die Börse ausgedrückt. Je höher die Volatilität eines Wertes, desto breiter bzw. größer die Kursschwankungen. Doch lebt nicht jeder Trader vor allem durch diese großen Schwankungen, die man am Markt immer wieder findet? Sie sollten die Vola zu Ihrem eigenen Vorteil nutzen und natürlich nicht durch Krisen viel Cash verlieren, um in Anschluss frustriert auszusteigen.

Bevor Sie jedoch mit dem Daytrading beginnen und rund um Charttechnik und Co wichtige Details in diesem Buch erfahren, müssen Sie die Grundlagen rund um das Geschehen verstehen, das rund um die Börse verbunden ist. Wann rauscht die Börse nach unten oder wird sie von den Bullen mit seinen Hörnern nach oben getrieben? Es sind vor allem 4 wichtige Faktoren, die das Börsengeschehen beeinflussen, die ich Ihnen jetzt im Detail vorstelle:

1. Das Geschehen rund um die Wirtschaft und die politische Lage
2. Die fundamentalen Daten des Basiswertes, in den Sie sich einkaufen
3. Die Charttechnik mit ihren Signalen
4. Die Psychologie der Anleger sowie Daytrader

Sabine Mühlen

Auf jeden einzelnen Punkt werde ich nun in diesem Kapitel ein wenig eingehen. Wichtig ist, dass Sie, auch wenn Sie alle Zusammenhänge mit ihren „perfekten" Prognosen gut verstehen, trotzdem niemals eines haben: einen Garantieschein, wie die Börse verlaufen wird. Selbst die größten Profis der Geschichte rund um die Finanzen konnten Einflüsse wie die Ölkrise, eine Dotcomblase und Co nicht im Vorfeld abschätzen. Schnell wendet sich also das Blatt an den Börsenplätzen weltweit – genau deshalb sind auch viele Banker so vorsichtig mit ihren Kaufs- und Verkaufsempfehlungen für Wertpapiere. Schon komme ich zum ersten Punkt:

1. Das Geschehen rund um die Wirtschaft und die politische Lage

Die politische Lage und die gesamte Weltwirtschaft bestimmen den Motor an der Börse. Umgekehrt gilt auch die Börse als Vorreiter, der wichtige Signale an die Wirtschaft aussendet. So ist der Oktober meist ein sehr prägnanter und entscheidender Monat an den Märkten weil er unter anderem das Weihnachtsgeschäft als Vorreiter für einen florierende Wirtschaft mit eingepreist hat. Die tatsächlichen Unternehmenszahlen sehen wir hingegen in der fundamentalen Analyse, die den Gewinn der Unternehmer aufzeigen, erst viele, viele Monate später. Die Politik und die Wirtschaft bestimmen das Leben der Menschen und somit auch das Geschenken an der Börse. Die Wirtschaftsfakten wie Bruttoinlands- und

Sabine Mühlen

Bruttosozialprodukt (BIP bzw. BSP) spielen hierbei eine ebenso tragende Rolle wie die Entwicklung der Arbeitsmarktzahlen oder die Exportzahlen. Ebenso ist eine stabile Währung, in unserem Falle also der Euro, mit ein Garant für eine florierende Wirtschaft, mit der wir in Deutschland glänzen können. Gerade in Deutschland können wir am Beispiel der Auto-Konzerne diese Thematik sehr einfach erkenne, ohne das Gabler-Wirtschaftslexikon wälzen zu müssen:

Stellen Sie sich folgendes vor:

Der Euro stellt im Grundsatz eine durchaus sehr stabile Währung dar. Noch dazu sind gerade die guten, deutschen Markenautos mehr als beliebt bei Chinesen, Amerikaner und auf der gesamten Welt. Wenn zum Beispiel die großen Konzerne wie VW, Daimler Benz bzw. Mercedes, BMW und Co ihre großen Autos nach China exportieren, hilft diesen Häusern ein stabiler Euro, der zum Glück seit vielen Jahren vorherrscht. So können die ausländischen Käufer stabil kalkulieren und umgerechnet einen fairen Preis für ihre Waren bezahlen. Wenn der Motor in der Automobilbranche auf Hochtouren läuft und vor allem durch den Export viele Produkte verkauft werden, sorgt diese Tatsache für einen stabilen Arbeitsmarkt, was ebenso für eine gesunde, wirtschaftliche Grundlage sorgt. Gerade in Deutschland überzeugen wir vor allem dadurch, dass viele Menschen ihre Arbeitskraft einsetzen können und wir nahezu eine Vollbeschäftigung vorweisen können. Somit haben

Sabine Mühlen

die Menschen ordentliche Gehälter, was auch die Kaufkraft stärkt, denn schließlich wird nur mit Cash in der Geldbörse der Konsum angetrieben. Noch dazu sorgen niedrige Zinsen, die schon lange am europäischen Markt vorherrschen, dass auch Automobilkonzerne günstige Darlehen aufnehmen können, um wieder neue Investitionen zu tätigen. All das ist Gold wert für die deutsche Wirtschaft, was man auch an den steigenden Kursen an der Börse rund um die Aktien-Basiswerte erkennen konnte. Plötzlich jedoch kam der Diesel-Skandal zur Sprache. Eine Unruhe an der Wirtschaft, die kaum eine Presse nicht breit ausgeschmückt hat. Im nationalen und internationalen Handel an der Börse rauschten schlagartig die Automobilwerte in rasantem Tempo nach unten. In den fundamentalen Zahlen, die das betriebswirtschaftliche Ergebnis des Unternehmens im Nachgang spiegeln, sieht man diese Krise natürlich ebenso recht schnell.

An diesem einfachen Beispiel merkt jeder Mensch, der die Wirtschaftspresse verfolgt: Von einem zum anderen Augenblick können Krisen oder andere Faktoren stark den Verlauf an der Börse beeinflussen. Was hier an einer einzigen Branche vorgestellt ist, macht sich auch in einem großem Stile bemerkbar, wenn man sich die großen Krisen ansieht, die es im gesamten weltwirtschaftlichen Handel zu verbuchen gibt. Betrachten wir die Finanzmarkt-Krise, die die Märkte als großer Teil einer Weltwirtschaftskrise, die 2007 schon eingeleitet wurde, noch heute in den Knochen sitzt. Dabei ist eine

Sabine Mühlen

Finanzkrise nicht neu: Hier wird eine recht global ausgedrückte Banken- und Finanzkrise dargestellt, die es schon immer gab, wenn man in den Rückspiegel blickt und sich den Verlauf einer Wirtschaft betrachtet.

Was passierte vor mehr als 10 Jahren? Die Krise war unter anderem Folge eines spekulativ aufgeblähten Immobilienmarkts, den wir in den USA vorfanden. Hier haben sich viele Investoren verspekuliert und somit gingen schlagartig große Bankhäuser wie Lehman Brothers, eine bedeutenden, systemrelevante Investmentbank, in die Insolvenz. Dies zog einen großen Kreis nach sich, da auch viele weitere Bankhäuser wie Merrill Lynch oder die Bausparkasse Washington Mutual sowie viele andere, renommierte Unternehmen in Mitleidenschaft gezogen wurden. Auch Goldman Sachs und Morgan Stanley wandelten sich Geschäftsbanken um und änderten schlagartig ihre Unternehmenspolitik. Kaum zu glauben: In den Jahren nach 2007 gab es im dreistelligen Bereich Bankenpleiten – und das nicht nur in den USA. An dieser Schilderung sehen Sie schnell, welcher Synergie-Effekt entsteht, wenn es rund um die Wirtschaft und Politik geht. Als Beginn der Finanzkrise wird der 9. August 2007 festgelegt. Dieser Tag brachte einen großen Stein ins Rollen. Plötzlich war die Existenz großer Finanzdienstleister durch Kapitalerhöhungen enormer Größe mehr als gefährdet. Wer sich überschuldet und nur wenig Eigenkapital besitzt, wird verstaatlicht oder letztendlich ganz geschlossen. Schnell

wirkte sich dies auf den Zinsmark aus und die Zinsen wurden weltweit schlagartig gesenkt, um eine Kreditklemme zu umgehen. Des weiteren übertrug sich die Krise in der Folge in starke Produktionssenkungen und es kam zu massiven Unternehmenszusammenbrüchen, die sich auf die Realwirtschaft auswirkten.

Sie war also schnell da: die Krise, die die Welt veränderte! Das Manager Magazin sprach von der „Krise hoch drei", die natürlich nicht ohne Folgen blieb. Wenn Sie sich die Aktiencharts ansehen, gab es keine Börsen, dessen Kurse sich nicht in rasendem Tempo ca. halbiert hätten. Die Weltwirtschaft und die Politik nehmen also einen entscheidenden Einfluss darauf, wie die Märkte verlaufen und diese sich auch in der Zukunft entwickeln.

Zahlen wir Inflation, Wirtschaftswachstum oder der IFO-Geschäftsklimaindex sowie die Arbeitslosenquote sollten Ihnen also sicher keine Fremdworte sein, wenn Sie sich auch im Daytrading engagieren. Allerdings sollte hier nicht nur schwarz gemalt werden! Nehmen Sie sich jetzt bitte einen Chart vom deutschen Aktienindex DAX her. Sehen Sie sich, wie sich die Kurse seit der großen Krise vor mehr als 10 Jahren erholt haben. Wir lagen nach der Finanzmarkt-Krise bei einem DAX-Stand von unter 5.000 Punkten. Nach dem Wert vom Jahre 2020 notiert der deutsche Aktienindex DAX derzeit (anfangs 2020) bei mehr als 13.000 Punkten. An diesem hier sehr vereinfachten

Zahlenbeispiel erkennen Sie sehr schnell, in welchem Tempo sich die Kurse verdoppeln – und in Zukunft vielleicht sogar verdreifachen?

Natürlich können Sie jetzt anmerken, dass diese langfristige Betrachtung nichts für den Daytrader ist. Damit haben Sie natürlich recht, doch in diesem Punkt geht es ausschließlich darum Ihnen die wirtschaftlichen und politischen Zusammenhänge ein wenig näherzubringen. Das ist die Basis dafür, wenn Sie sich in die Märkte und als Spekulant einkaufen möchten.

Verfolgen Sie die Wirtschafts- und Tagespresse, wenn Sie das Geschehen rund um das Betongold (Immobilien), Indizes, Währungsschwankungen und Co verstehen möchten.

2. Die fundamentalen Daten des Basiswertes – hier geht es um die Betriebswirtschaft.

Wenn Sie die Wirtschaftspresse verfolgen, finden Sie auch immer wieder Unternehmenszahlen und wichtigen Daten, die das Unternehmen selbst in Fakten spiegelt. Bei diesen Daten geht es um Cashflow, um das betriebswirtschaftliche Ergebnis vor und nach Steuern oder um die Gesamtauslastungsquote, die im jeweiligen Konzern vorherrscht. Die Auftragslage ist ebenso entscheidend wie die Krankheitsquote, die in der jeweiligen Firma ausgewiesen sind. Wie steht es um die

Sabine Mühlen

Liquidität des Konzerns und wie ist die Auftragslage zu bewerten? Diese Fakten erfahren Sie, wenn Sie sich die betriebswirtschaftlichen Details ansehen.

Natürlich entscheiden wir und vor allem für den Kauf von einem Wert, wenn wir tief im Herzen von diesem überzeugt sind. So gelten auch Rohstoffe wie das „schwarze Gold", also Rohöl oder Silber und Gold als absoluten Krisenwährungen, in die die Anleger einsteigen, wenn sie Angst um Ihr Vermögen haben. Doch – waren Angst und Panik jemals schon gute Ratgeber, wenn es rund ums Geld geht? Nein – sicher nicht. Hier kommt sofort die Psychologie der Anleger ins Spiel, denn Gier und Panik sind falsche Emotionen, die Sie auch beim Daytrading niemals an den Tage legen sollten. Die Fakten sollten Sie immer im Auge behalten, wenn Sie sich für einen Basiswert interessieren – wie immer dieser auch aussehen mag.

Erschwerend kommt es hinzu, dass die Presse oft dann erst Gewinnzahlen und die Auftragslage veröffentlicht, wenn es unter der Mund-zu-Mund-Propaganda unter den Experten schon längst im Vorfeld klar war, wie es rund um den Wert steht. Sind die positiven Fakten veröffentlicht oder eine AG beschließt, eine hohe Dividende an die Aktionäre auszuzahlen, zieht dies oft nach sich, dass der Kurs schlagartig nach oben gepusht wird. Wird sich dieser Aufwärtstrend auch nachhaltig bestätigen? Dies bleibt natürlich abzuwarten, denn eines steht fest: Die Unternehmenszahlen rund um einen Wert schwanken

Sabine Mühlen

ebenso wie die wirtschaftliche Lage und viele politische Einflüsse mehr. Wer hätte schon geglaubt, dass solide Unternehmen wie Schiesser oder kleine Banken wie die traditionelle, gute alte Vereinsbank, der Burger-Konzern Hans im Glück oder auch Opel und Co sich in Fusionen zusammenschließen, damit sie nachhaltig konkurrenzfähig bleiben? Die gesunde Lage im Konzern bei jedem einzelnen Unternehmens ist, wenn es um die Betriebswirtschaft geht, entscheidend. Schließlich müssen Löhne bezahlt werden und Gewinne ausgewiesen sein, damit die Firma sich nachhaltig einem harten Wettbewerb stellen kann. Gerade die Banken wie Commerzbank oder die deutsche Bank waren noch vor vielen Jahren schier unüberwindbar erscheinende Flagschiffe, die es in ihrer positiven Unternehmenslage nicht zu überwinden galt. Doch – das Blatt hat sich längst gewendet. Der Online-Markt und das ganze Finanzgeschäft rund um das Internet haben längst auch diese Unternehmen vollumfänglich ergriffen. Filialen schließen, Töchter, die sich ausschließlich im Netz bewegen, wachsen wie Pilze aus dem Boden. Der Preiskampf ist hart – mehr als das. Kaum zu glauben, dass die niedrigen Zinsen, die schon lange am Bankenmarkt vorherrschen, viele kleinen Banken in die Pleite getrieben haben. Unterm Strich bleibt kaum noch viel Cash übrig, wenn Banken aufgrund der flachen Zinsstrukturkurve kaum noch Geld generieren können.

Was ist die Zinsstrukturkurve denn genau?

Immer wieder lamentieren große Finanzinstitute darüber, dass die Zinsstrukturkurve deutlich abgeflacht ist. Doch – was

bedeutet dieser Fachbegriff denn genau?

Sie können es sich so vorstellen: Die größte Einnahmequellen aller Banken bestehen aus den Kreditzinsen oder Gebühren. Im Gegenzug bezahlen die Häuser im Grundsatz Zinsen für die Einlagen der Kunden. Der Unterschiedsbetrag der Raten, die eingenommen werden und der Darlehenszinsen, die von den Kunden bezahlt werden, ist, sehr einfach vorgestellt, der Gewinn für die Bank. Wer sich ein klein wenig mit Wirtschaft und der EZB (europäischen Zentralbank) und der damit verbundenen Zinspolitik auskennt weiß, dass schon seit mehr als 10 Jahren praktisch eine Nullzins-Politik im nationalen und internationalen Markt vorherrscht. Vor allem in Deutschland und Europa werden Sparbriefe, Festgelder und Co nicht mehr verzinst und auch Baukredite und private Darlehen werden sehr günstig an die Kunden ausgeliehen. Die Einnahme-Quelle durch die sehr flache Struktur der Zinsraten in der Differenz ist somit seit vielen Jahren rückläufig. Keine Überraschung, dass viele Banken Kosten sparen und die Preise und Gebühren erhöhen müssen – und zwar elementar. Mehr denn je müssen Banker Fondsprodukte, Versicherungen und Leasinggeschäfte verkaufen, damit die Kunden Gebühren an die Finanzhäuser bezahlen und die Banken leben können. Auch die Personalkosten mussten die Banken seit Jahren reduzieren – und zwar deutlich. Entlassungen von sehr hochqualifizierten Mitarbeitern, die der Arbeitgeber nicht mehr bezahlen konnte, waren an der Tagesordnung. Mehr denn je muss ein Banker, der in der Beratung arbeitet, vor allem eines: verkaufen, verkaufen

Sabine Mühlen

und nochmals verkaufen. Nur so kann ein solides Netz rund um die Bankfilialen bezahlt werden, denn: Provisionen und Einnahmen sind wichtiger denn je. An den Zinsen wird kaum mehr ein Euro für die Finanzhäuser übrigbleiben. Auch die schmelzenden Gewinne sieht jeder natürlich an den betriebswirtschaftlichen Zahlen der Finanzinstitute.

An diesem sehr vereinfachten Beispiel sehen Sie sehr schnell, dass die Wirtschaftsdaten rund um die Zinsen erheblichen Einfluss darauf nehmen, wie auch die betriebswirtschaftlichen Fakten sich auf die Unternehmen auswirken. Niedrige Zinsen bedeuten schon seit jeher, dass Unternehmer günstig Kredite aufnehmen dürfen und somit die gesamte Wirtschaft angekurbelt wird. Fakt ist jedoch, dass es nicht für alle Firmen lukrativ ist, wenn die Zinspolitik auf einem kontinuierlichen, niedrigen Level gehalten wird. Betriebswirtschaft und Volkswirtschaft verschmelzen sehr oft, wenn es um Politik und Wirtschaft geht, in einem herrlichen Einklang miteinander.

3. Die Charttechnik mit ihren Signalen

Ein weiteres, sehr wichtiges Element ist die Charttechnik, die jeder Trader genau kennen muss. Der Chat ist für den Daytrader ein mehr als wichtiges Bild, wenn nicht das Wichtigste überhaupt. Mehr denn je ist dieses Instrument für den kurzfristig denkenden Spekulanten ein entscheidendes Kriterium, warum gekauft und vielleicht sehr schnell wieder verkauft werden soll. Hier gelten Wimpel, der Aufwärtstrend,

Sabine Mühlen

die Kopf-Schulter-Formation oder das Dreieck als wichtige Indikatoren rund um das Schaubild eines Basiswertes, das die ganze Welt verfolgt. Vor allem beim Trend und den eingezeichneten Signalen sollte sich jeder Trader genau auskennen. Genau deshalb werden hier die Grundlagen auch in diesem objektiven Ratgeber vorgestellt. Egal, welches Vertrauen man auch selbst in die Analyse von bestimmten Charts setzt: Wenn sich die Welt nach einem Schaubild richtet, nimmt nicht selten ein Kurs aufgrund eines Massendrangs seinen Lauf. Bilder werden auf der ganzen Welt verstanden, ohne auch nur auf eine Wort des anderen zu hören. Bilder funktionieren ohne Kommunikation – genau deshalb ist der ausgewiesene Chart auch so wichtig mit den damit verbundenen Analysedaten und Tools. Formationen und Chartbilder sollten Sie also kennen, wenn Sie sich mit einem Basiswert auseinandersetzen. Neben der fundamentalen Analyse ist es unabdingbar wichtig, einen Chart zu verstehen. In der Farben grün und rot werden hierbei klare Kauf- und Verkaufssignale eingezeichnet, die uns an die Farben einer Ampel erinnern.

Grün heißt „go", während rot bedeutet „Stopp" oder „verkaufen!"

Hierbei gibt es Kerzencharts, die in einem Balken dargestellt werden. Was ist der Unterschied von einer Kerze zu einem punktuellen Chart? Eine Kerze stellt als gesamtes Werk eine

Sabine Mühlen

Kurs-Spanne innerhalb eines Tages dar, während ein Punkt nur einen einzigen notierten Tageskurs darstellt. Je länger also die Kerze, sprich, der Balken eines Tageskurses ist, desto größer die Schwankungen, die am Tag bei diesem Wert vorherrschten. Das heißt, dass ein Wert auch, wenn die sich die Kerze groß und lange im Schaubild zeigt, sehr volatil ist an diesem einen Handelstag. Was bedeutet diese Tatsache nun für den Trader, der schnelle Gewinne erzielen will? Ist die Handelsspanne an diesem Tag besonders hoch und es werden sehr große Differenzen in den Kursen erzielt, können auch gute Gewinne eingefahren werden. Je länger also der Balken, desto interessanter diese Darstellung für den Daytrader. Noch dazu sind auch die Kerzen oft in den Farben rot oder grün dargestellt. Grüne Kerzen bedeuten im Grundsatz einen guten Handelstag und einen positiven Kursverlauf, während rote Kerzen einen Abwärtstrend signalisieren. Hier wurde an diesem Handelstag also mehr verkauft als gekauft. Natürlich stellt all dies jetzt Basiswissen dar, das Ihnen vielleicht jetzt schon längst bekannt ist. Dennoch zeigt die Erfahrung, dass Sie erst einmal das Grundwissen rund um Derivate und Wertpapiere beherrschen sollten, bevor Sie sich ans Daytrading heranwagen. Die einfachen „Fieberkurven" sind wichtig. Beim Daytrading kommt hinzu, dass es sogar 5-Minuten-Charts gibt, die schnell agierende Trader durchaus ernst nehmen müssen. Hier wird schnell klar, welche Kurse in sehr kurzen Zeiträumen erzielt werden und in den letzten Minuten gehandelt wurde. Allerdings sollten Sie stets wissen, dass man sich auch von

Sabine Mühlen

Charts sehr stark emotional leiten lassen kann. Wenn ein Kurs schnell nach unten rauscht, vergisst man schnell seine Vorsätze und verkauft vielleicht aus einer unbegründeten Panik heraus, was in den realen Fakten nicht begründet ist. Außerdem zählt als Grundsatz für den Einsteiger in Sachen Daytrading: Je länger der Zeitraum Ihres Charts, den Sie betrachten, desto besser und fundierter seine Aussage, wenn man nicht nur im Minuten-Takt denkt.

Jeder Anleger sollte die Charts im Grundsatz verstehen und deuten lernen, bevor er sich ans Trading-Geschäft heranwagt. Allerdings ist das Bild im Chart es niemals alleine, das Sie zum Kauf oder Verkauf verleiten soll. Das wichtigste Instrument der Charttechnik für einen Trader stellt ein Trend oder die Linien des Widerstands und der Unterstützung dar. Dieses entscheidende Wissen wird Ihnen deshalb im Buch noch vorgestellt.

4. Die Psychologie der Anleger sowie Daytrader

Auch dann, wenn es ums Tagesgeschäft beim Trader geht, sollte man wissen, dass die Emotionen viele Menschen dazu verleiten, absolut falsch zu reagieren. Genau aus diesem Grunde sollten Sie von Anfang an verstehen, dass es einen der größten Fehler eines Daytraders darstellt, wenn er denkt: „Ich schaffe es immer, die Höchst- und Tiefstkurse zu meinem Vorteil zu nutzen!" Dieser Illusion sollten Sie ich in keinem Fall

Sabine Mühlen

hingeben, ganz im Gegenteil: Machen Sie es wie die Profis! Bleiben Sie locker und cool, selbst wenn Sie sich beim Chart auf die Kauf- und Verkaufssignale verlassen, die Ihnen vor Augen geführt werden. Werden Sie weder gierig, panisch noch ängstlich – das ist die größte Kunst, die Sie an der Börse beherrschen sollten. Die Psychologie an den Finanzmärkten zeigt leider viel zu oft, dass Menschen sich in der Massenbewegung einer Herde zu bestimmten Handlungen verleiten lassen, die sie später bitter bereuen. Das muss und sollte auch nicht sein!

Eine systematische, durchdachte Vorgehensweise ist etwas ganz anderes, als sich zu stark von seiner aktuellen Stimmung leiten zu lassen.

Beispiel:

Zur Jahrtausendwende war in Deutschland ein „neuer Markt" gegründet, an dem es viele Anleger in großen Massen versuchten, Geld zu verdienen. Dies ist auch als Dotcom-Krise oder böse Internet-Blase zu erkennen und diese Krise als großer Crash muss jeder kennen. Der Begriff dieser Blase ist entstanden, weil sich viele Anleger verspekuliert haben. Man kann diese im März 2000 eingeleitete Crash-Periode auch als eine wahre Spekulationsblase bezeichnen. Viele Kleinanleger dachten sich: „Ich kann Aktien handeln und dabei mehr Geld verdienen als mit meinem Job." So kamen damals Hausfrauen

Sabine Mühlen

wie „Liesschen Müller" (dies soll keinesfalls abwertend gemeint sein) zur Bank, eröffneten ein Depot und kauften Werte rund um New Economy, um tief in ihrer Seele zu denken: „Auch ich schaffe es jetzt, wie meine Nachbarn oder meine Freunde aus dem Sportverein, innerhalb von nur kurzer Zeit sehr viel Geld zu verdienen!" Vor allem in denIndustrieländern wie Deutschland war ein Hype auf die Aktienmärkte erkennbar, der in keinem Falle durch fundamentale Daten begründet war. Der deutsche Aktienindex DAX erreichte damals seinen Höchststand mit mehr als 8.000 Punkten, was jedoch durch gute wirtschaftliche Unternehmenszahlen in keinem Falle begründet war. Schließlich waren die Gewinne der Unternehmen gegenüber den Aktienkursen alles andere als gut. Diese Kennzahl drückt übrigens das KGV (Kurs-Gewinn-Verhältnis) aus. Hier gilt die Grundlage: Je kleiner die Kennzahl, desto größer der Gewinn, der im Unternehmen vorherrscht. Anders gesagt: Wenn ein KGV von ca. 10 – 12 ausgewiesen ist, ist das deutlich besser als ein KGV von 30 oder mehr. Bei einem zu hohen KGV ist ein deutliches Signal zu sehen, dass die Kurse überteuert sind und es sich aus realen Gründen nicht nachvollziehen lässt, warum man diese Aktie aufgrund guter Gewinnzahlen kaufen sollte.

Im Jahre 2000 gründeten sich regelrechte Börsenclubs, die neuen Technologien vertrauten und auf den großen New Economy Bubble aufsprangen. Zahlreiche Anleger erhofften sich die „wundersame Geldvermehrung" von Unternehmen die keinesfalls gute Wirtschaftsfakten vorstellten oder mit

Sabine Mühlen

vernünftigen Gewinnen überzeugen konnten. Dabei war die Dotcom-Blase ein weltweites Phänomen, das sich bald schon auf der ganzen Welt durchsetzen. Es ist wichtig zu wissen, dass der größte Technologiemarkt die NASDAQ (USA) war, die ebenso den Höhenflug wie den Crash in harten Zahlen ausdrückte. Diese Technologiebörse gibt es in den USA noch bis heute, während der neue Markt in Deutschland zum Glück längst geschlossen wurde.

Auch die Aktionen in den USA wurden in der deutschen Dotcom-Blase stark von kriminell agierenden Unternehmern geprägt. Verrückt war damals, dass die Kurse immer rasanter anstiegen und viele private Investoren glaubten, sie müssen auf den Zug der steigenden Kurse aufspringen. Wie erwähnt: Es war fast normal, dass man ohne gesetzlich vorgeschriebene, vernünftige Beratung ein Depot eröffnen und kaufen konnte, was es auch so an der Börse an Neuemissionen zu finden gab. Eine stark übertriebene Nachfrage steuert den Preis – das weiß jeder, wenn er sich rund um den Markt ein klein wenig auskennt. Wenn jedoch Massen in den Markt drängen, obwohl die KGV´s viel zu hoch sind oder die Unternehmen keine Gewinne bezahlen, kann dieser Herden-Drang auf Dauer nicht funktionieren. Eine Blase wird stets so lange aufgebläht und größer und größer, bis sie letztendlich ganz platzt. Genau so war es auch mit dieser Kurs-Euphorie. Während Revolverblätter in der Tagespresse beim höchsten DAX-Stand propagierten: „Kaufen Sie Aktien" oder „Sie werden schnell Ihr Vermögen

Sabine Mühlen

verdoppeln, wenn Sie auf neue Technologien wie die XY-Aktie zählen!", war es den erfahrenen Börsianern längst klar: „Das kann einfach auf Dauer nicht gutgehen!" Keine große Überraschung also, dass dann, als fast jeder Sportverein oder viele nicht informierte Bürger ein Depot unterhielten und auf steigende Kurse hofften, schnell eine Kehrtwende zu erleben war. Vom großen Flow an allen nationalen und internationalen Märkten kam es also in eilendem Tempo zum totalen Kursrutsch in den tiefen Keller. Der Crash war vorprogrammiert, was viele Anleger im privaten Bereich sehr viel Geld kostete. Doch, anstatt es einem Profi wie Kostolany gleich zu tun, der sagt: „Kaufen Sie, wenn die Kanonen donnern!", hatten viele Anleger nicht das richtige Händchen, rechtzeitig auszusteigen und bei günstigen Kursen nachzukaufen.

Deshalb stelle ich Ihnen jetzt einmal die Emotionen vor, die mit der Börse von privaten, etwas naiv agierenden Investoren, oft noch heute verbunden sind:

Index–Stand von 8.000 Punkten:

Der Anleger denkt sich: „Wahnsinn, hätte ich vor 3 Wochen gekauft, hätte ich schon 10 % oder 15 % verdienen können. Jetzt steige ich ein, dass ich endlich auch dabei bin, wenn alle anderen Anleger Cash verdienen!"

Index–Stand von 7.500 Punkten:

Sabine Mühlen

Der private Investor denkt: „Naja, 500 Punkte verloren, das ist nicht so schön. Aber dennoch warte ich einmal ab, denn irgendwie muss sich die Börse ja wieder erholen. Ich bleibe einfach am Ball, auch wenn die Unternehmenszahlen nicht mehr so positiv aussehen!"

Index-Stand von 7.000 Punkten:

Der Depotinhaber denkt: „Mist, jetzt wird es eng. Ich kaufe besser nach, damit ich meinen Einstiegspreis senken kann. Etwas Geld habe ich noch, dass ich jetzt investieren kann. Mein Nachbar hat auch nachgekauft, also wird es schon richtig sein....!"

Index-Stand von 6.000 Punkten:

Der Anleger überlegt: „So ein Mist, jetzt habe ich so viel Geld verloren. Ich habe keine Lust mehr auf die Börse. Hier kann man ja nur verlieren und ich glaube, ich verkaufe jetzt alles...oder ?!"

Index-Stand von 4.000 Punkten:

Der Investor ist frustriert und sagt sich: „Hör mir nur auf mit den Aktien und den Märkten. Jetzt bin ich fast pleite, aber verkaufen will ich jetzt auch nicht, wo sich mein Vermögen praktisch halbiert hat. So eine Panne, ich erzähle besser niemanden von diesem Missgeschick."

Sabine Mühlen

Index-Stand von 3.500 Punkten:

Der Depotinhaber in diesem Beispiel steigt aus uns sagt sich mehr als frustriert: „Das Aktiengeschäft ist doch der größte Mist, den man sich antun kann. Ich habe nicht nur viel, viel Geld verloren, sondern auch jede Menge an Gebühren und Nervenstrapazen zu tragen! Das mit der Börse ist ein einziger Betrug, da immer nur die großen Leute hier Kohle verdienen. Hör mir nur auf, mit den Aktien. Ich werde jetzt alles verkaufen und in Zukunft die Finger von der Börse lassen. Lieber lege ich mein Geld unters Kopfkissen!" So oder so ähnlich geht es in der Tat vielen Investoren und auch Tradern, die sich von Emotionen und Angst, Panik oder Gier leiten lassen. Was macht hingegen eine schlauer Anleger oder Daytrader? Er setzt sich Limits. Er traut sich dann zu kaufen, wenn alle Anleger verkaufen oder er nutzt die höchste Kurse an der Börse, um Gewinne zu realisieren. Natürlich muss man, wenn man gegen den Strom schwimmt und antizyklisch handelt, schon jede Mengen von der Börse und den Aktien verstehen. Die übertriebenen Emotionen sollten Sie jedoch auch als Daytrader unbedingt tief in Ihrer Seele verankern, damit Sie niemals zu stark nur in Euros denken.

Ein Daytrader muss nicht unbedingt am gleichen Tag wieder den gekauften Wert verkaufen. Swingtrader trauen sich, die Position über mehrere Tage zu halten. Diese Strategie empfehle ich allen Einsteigern, die sich nicht zu stark unter Druck setzen wollen, den schnellen Euro zu verdienen. Als Neuling beim

Sabine Mühlen

Trading sollten Sie verstehen, dass außerdem Limits und klare Fakten Ihre Handlungen bestimmen sollten, und Sie niemals unbesonnen aus Impulsen heraus überstürzte Entscheidungen treffen dürfen. Seien Sie klug und vergessen Sie auch beim Daytrading niemals, sich fundiert zu informieren und nicht immer mit dem Strom zu schwimmen. Hören Sie auf alle Faktoren, die die Wirtschaft und die fundierte Presse übermittelt. Nur so können Sie auch, egal, in welchen Basiswert Sie auch investieren, langsam ein gutes Gespür für den Markt finden.

Diese vier wichtigen Faktoren gelten natürlich für den strukturierten Vermögensaufbau ebenso wie für den Handel in Minuten bzw. den Daytrader. Fakt ist, dass Sinn und Verstand niemals ausgeschaltet werden dürfen, wenn Sie in der Welt der Finanzen Geld verdienen möchten.

Außerdem sollten Sie folgendes Zitat sehr ernst nehmen, wenn Sie die Grundlagen vom Handel verinnerlichen und verstehen möchten:

„Börsengewinne sind Schmerzensgelder. Erst kommen die Schmerzen, dann das Geld" - André Kostolany -

Resümee dieses Kapitels:

Sabine Mühlen

Vermutlich denken Sie darüber nach, warum ich Ihnen zur Analyse in Sachen Trading viele wichtigen Grundlagen vorstelle, die reines Basiswissen bedeuten. Nach meiner Ansicht ist es jedoch elementar wichtig, nicht bei den Details zu beginnen, bevor Sie die Grundlagen des Finanzmarktes verstanden haben. Deshalb sollte auch jeder Anleger oder Investor sich zuerst mit einer soliden Vermögensanlage in einem Depot in Form von Sachwerten beschäftigen, bevor er sich ans Daytrading heranwagt. Vergleichen wir es mit dem Führerschein: Jeder muss von der Pike auf das Autofahren erlernen und den Führerschein besitzen, bevor er sich selbst ans Steuer setzt.

Noch dazu kommt der „Führerschein auf Probe" - eine Zeit nach der bestandenen Fahrschein-Prüfung, in der jeder von uns testen kann, wie er tatsächlich Autofahren kann. Erst nach dieser Zeit sollte man sich ein schnelles Auto mit hohe PS-Zahlen kaufen, um damit auch auf der Seite der Überholspur unterwegs zu sein. Der Airbag, ESP und weitere Sicherheitssysteme im Auto sorgen außerdem dafür , dass man möglichst ohne großen Unfälle und Gefährdung des Lebens im Straßenverkehr bestehen kann.

So oder so ähnlich sollten Sie auch das in diesem Kapitel vermittelte Wissen ansehen: Ohne diese Basisinstrumente und ein eigenes Depot mit soliden Werten, die langfristig ausgerichtet angelegt werden, dürfen Sie sich, nach meiner Meinung und derer vieler Banker, auch nicht ans Daytrading heranwagen. Wer im ersten Schritt mit einem strukturieren

Sabine Mühlen

Depot mit Sachwerten wie Aktien, ETF`s, Rohstoffen und Co einen breit ausgerichteten Erfahrungsschatz sammelt, schenkt sich selbst die Visitenkarte für den Erfolg beim Einstieg ins Daytrading. Beginnen Sie also erst nach dem bestandenen Führerschein mit der schnellen Autofahrt, die durchaus auch einmal auf der Überholspur stattfinden darf.

Bevor es richtig losgeht: Sechs wichtige Fragen einfach erklärt

Sicherlich haben Sie schon sehr viel rund um die Welt der Börse in sich verinnerlicht. Sie wissen jetzt, dass Daytrading etwas Zeit kostet und dass es sicher nicht die schnelle Geldvermehrung darstellt, per Smartwatch oder Smartphone schnell zu kaufen oder zu verkaufen. Bevor man mit der Depoteröffnung und dem Trading starten kann, sollte sich jeder Geldanleger ein paar Grundsatzfragen stellen und diese für sich beantworten. Doch dazu später mehr. In diesem Kapitel will ich Ihnen im Vorfeld ein paar Fakten rund ums Wertpapiergeschäft vorstellen, die Sie sicher schon sehr lange interessiert haben. Dieses Kapitel dient Ihnen also im ersten Schritt, bevor Sie vielleicht mit dem Daytrading loslegen, sich selbst einen klaren Überblick zu verschaffen. Nur dann, wenn Sie ein paar Fachbegriffe rund um die Welt der Finanzen von der Pike auf verstehen, werden Sie auch das Daytrading verstehen. Gerade in der Welt rund ums Depotgeschäft finden wir immer wieder Begriffe, die Sie im ersten Schritt verinnerlichen und kennen sollten, bevor Sie sich an das Geschäft heranwagen. Aus diesem Grunde habe ich ein paar Menschen befragt, was Sie an Grundlagen-Wissen brauchen würden, wenn sie sich

Sabine Mühlen

überhaupt ins Wertpapier-Business einkaufen würden. Diese sechs Fragen sind hierbei entstanden, die ich jetzt nur in einer kurzen Darstellung als Basis vorstelle:

1. Welche Assetklassen, sprich, Anlageklassen gibt es?

Jeder Mensch, der sich mit dem Daytrading, also mit dem Gedanken, rund um die Börse im täglichen Handel an allen Märkten Cash zu verdienen, beschäftigt, sollte sie kennen: die Assetklassen. Als Fundament kennen wir diese Thematik auch von der Beratung einer Bank aus betrachtet. Hier haben Sie sicher schon erfahren, dass es Festgelder, Sparbriefe, Aktienfonds oder Währungsanleihen gibt. Ebenso wissen viele von den Menschen, die sich mit Sachwerten oder Assets auseinandersetzen, dass man mit Immobilien ein Vermögen verdienen kann. Die Rubriken der einzelnen Assets, die man sicher auch im kurzfristigen Wertpapierhandel einkaufen oder verkaufen kann, sind vielen von uns nicht neu: Sie lauten Aktien, Anleihen, Devisen (gehandelt an Forex oder FX) oder Rohstoffe. In jeder dieser hier dargestellten, einzelnen Rubriken gibt es allerdings noch weitere Abstufungen bzw. Unter-Definitionen. Bei Aktien spricht man zum Beispiel von den sogenannten Bluechips oder Small Caps. Je nach der Größe des Volumens und der Summe, die investiert wird, orientiert es sich stets, mit welcher Tradingstrategie der Anleger Geld verdienen kann. Beim Daytrading geht es vielen Menschen jedoch nicht um die Wahl der richtigen Assetklasse, sondern

vielmehr nur um eines: um das schnelle Verdienen eines kleinen Vermögens. Bei allem Respekt vor dem rasant verdienten Euro sollten Sie sich jedoch im Vorfeld überlegen: „Stehe ich überhaupt hinter dieser Anlageklasse, auf die ich mein Geld setze?"

Außerdem gilt es zu beachten, dass die meisten privaten Trader nicht direkt einen Basiswert, sprich eine Aktie oder ein anderes Papier, zur Grundlage ihres Geschäftes hinterlegen, sondern lediglich in Derivate investieren. Diese verschiedenen Derivat-Produkte können zudem auch in Futures, Optionen, binäre Optionen oder CFD´s unterteilt werden. Was genau wird als ein Derivat klassifiziert?

Derivate sind auch beim Trader lediglich eine Ableitung für einen bestimmten Basiswert, mit der man einen deutlich besseren Hebel erzielen kann als mit der Assetklasse selbst. Somit wird ein „virtueller, fiktiver Wert" an der Börse eingekauft, mit dem es möglich ist, Gewinne zu erzielen, aber natürlich auch ein Risiko dabei einzugehen. Wenn Sie sich im Daytrading einkaufen, sollten Sie sich meist ein passendes Derivat als Instrument für ein Grundprodukt aussuchen. In diesem wird wiederum eine Assetklasse hinterlegt, hinter der Sie stehen und vermuten, dass sich der Kurs daraus für Sie positiv entwickeln wird.

2. Welche Teilnehmer am Markt gibt es?

Sabine Mühlen

Auch am Börsen- oder am Computermarkt gibt es bestimmte Teilnehmer, die sich in verschiedenen Begrifflichkeiten an Personen deklarieren lassen. So hören wir immer wieder von Tradern, Spekulanten, Investoren, Hedgern oder Arbitrageuren. Worin genau besteht der so feine Unterschied zwischen all den Personengruppen, die doch alle nur eines wollen: Geld verdienen? Ohne sich jetzt in jedem Detail verlieren zu wollen, kann der Investor als langfristiger Anleger eingestuft werden, während der Spekulant oder Trader sehr kurzfristig denkt und auch an dem schnell verdienten Euro interessiert ist. Die Hedger hingegen sichern sich selbst bzw. ihre Werte an Terminbörsen vor starken Preisschwankungen ab. Hedger arbeiten mit bestimmten Strategien, die vor allzu großen (vor allen bösen) Kursüberraschungen schützen sollen. Arbitrageure wiederum sind Trader, die die Preisdifferenzen eines Basiswertes möglichst zu ihren Gunsten an unterschiedlichen Börsen ausschöpfen möchten. Der moderne Computerhandel hat diesen Handelsstil in den letzten Jahren maßgeblich verändert. Als Daytrader betrachtet man in der Umgangssprache den Spekulanten, der innerhalb eines Tages die Kursschwankungen so ausnutzen möchte, um möglichst hohe Gewinne zu generieren. Der moderne Computerhandel an der Börse macht es möglich, dass hier sehr verschiedene Akteure unterwegs sind, die alle ein wenig andere Absichten verfolgen. In der Regel jedoch hat jeder Teilnehmer, der an der Börse agiert, stets die Absicht, Gewinne zu realisieren – und das als Trader in möglichst kurzer Zeit. Für diesen Zweck

beauftragt er einen Broker. Dieser Broker wird aufgrund des Auftrags seines Kunden tätig und nimmt alle gewünschten Transaktionen an der Börse vor. Für diesen Dienst wird er natürlich bezahlt, was die Rendite für den Anleger schmälert. Alles klar? So schwer ist das Geschäft nun sicher nicht zu verstehen, wenn Sie als Depotinhaber kurzfristig spekulieren möchten.

3. Wie kommt ein Wertpapierkurs zustande?

Wie in diesem Buch über die Börse im Allgemeinen schon erklärt ist, kann diese Frage nicht in einer pauschalen Antwort erklärt werden. Natürlich kommt es auf die Anlage- bzw. Assetklasse an, wie sich der Kurs eines Papiers entwickelt. Während zum Beispiel Aktienkurse nach unten purzeln, steigen die Preise für Gold, Silber oder Rohöl. Aktien werden beim Daytrading über regulierte Börsen wie Xetra gehandelt. Dabei sollten Sie das Orderbuch kennen, das den Käufer und Verkäufer „matched". Anders beim Devisenhandel, bei dem es um Schwankungen von US-$, Yen, Schweizer Franken und Co oder natürlich dem uns allen bekannten Euro geht. Dieser Devisenhandel wird im FX oder an der Forex gehandelt. Bei diesem Thema werden alle notwendigen Transaktionen „OTC", genau bezeichnet in „over the counter", am Interbankenmarkt abgewickelt. Derivate werden in der Regel außerdem mit einem im Vorfeld festgelegten Gebühren-Zuschlag berechnet. Banken und Broker bepreisen, je nach Derivat und Transaktion, das

Sabine Mühlen

Geschäft,das sich nach der Entwicklung des Basiswertes (z.B. DAX) ausrichtet. In der Regel gilt, dass alle Gebühren für jede einzelne Transaktion berechnet und pro Trakt zugeschlagen werden. Je mehr getradet, also gehandelt, wird, desto mehr Provisionen als Kosten werden somit dem Spekulanten in Rechnung gestellt.

4. Was ist überhaupt ein Derivat und was genau bedeutet der Hebel?

Nun wurde schon sehr oft das Wort Derivat hier im Buch dargestellt. Die ganz einfache Übersetzung aus dem Englischen vom Ausdruck „derivativ" bedeutet „abgeleitet". Was heißt das jedoch im Börsenhandel im Detail? Hier bedeutet das Wort Derivat, dass ein Finanzprodukt nicht direkt gekauft wird, sondern lediglich von einem Basiswert abgeleitet wird. Somit nimmt der Kursteilnehmer also nur indirekt an der Entwicklung des Basiswertes Teil, ohne den Wert selbst zu kaufen. Das macht das Geschäft rund um das Trading wesentlich einfacher, denn Sie kaufen sinngemäß nicht direkt eine Goldmine, sondern nur den abgeleiteten Preis daraus, der aufgrund der Goldminen-Entwicklung festgestellt wird. Sehr einfach dargestellt bedeutet das, dass das Derivat die Entwicklung des Basiswertes ganz genau, 1 zu 1, mitmacht. Ihnen klingt das jetzt viel zu kompliziert? Als Beispiel dürfen Sie sich vorstellen, dass man einen CFD auf den DAX als Grundlage zurechtlegt. Steigt nun der DAX diesem Falle an, dann steigt auch der DAX CFD

Sabine Mühlen

Kontrakt automatisch mit an. Ob das im Verhältnis von 1:1, von 1:10 oder sogar von 1:100 der Fall ist, das entscheidet der gewählte Hebel. Diesen Hebel kann jeder Trader individuell festlegen. So können auch Sie mit dem Hebel, als Leverage bezeichnet, den Gewinn steigern, allerdings auch das Risiko auf den Verlust im gleichen Atemzug nach oben schrauben. Je höher der Hebel, desto mehr Gewinn- aber auch Verlustmöglichkeiten bieten sich dem Spekulanten. Mit dem gewählten Hebel können somit die Gewinne vervielfacht werden, ohne mehr Geld investieren zu müssen. Doch gerade Neulinge in Sachen Daytrading sollten sich zuerst mit kleinen Hebel-Effekten in den Markt einkaufen, um ein Gespür dafür zu bekommen, wie schnell sich die Kurse bewegen. Eines steht unumstritten fest: Je größer der Hebel, desto volatiler der Wert.

5. Wie können Sie handeln und welche technische Ausstattung ist dafür notwendig?

Es steht unumstritten fest: Wer sich neu in den Markt einkaufen will, der braucht die dafür notwendige Technik und das richtige Depotkonto für diesen Zweck. Das Equipment besteht meist aus einem Laptop oder PC bzw. einem Tablet oder dem bewährten Smartphone. Mittlerweile wird sogar per Sprachsteuerung die Smartwatch verwendet, um Order zu erteilen. Ist das nicht ein klein wenig verrückt, dass heute jeder Spekulant „alles so nebenbei" erledigen kann, was mit dem schnell verdienten Zaster zusammenhängt? Natürlich ist das

Sabine Mühlen

Fundament bzw. die Basis, um sich in den Markt einkaufen zu können, ein guter Internetzugang. Das Tradingkonto kann man in der Regel bei einem Online-Broker eröffnen. Diese gibt es in zahlreicher Form in Netz zu finden. Der Broker führt die gewählten Transaktionen für Sie aus und stellt Ihnen natürlich seine Dienste mit der Gebühr in Rechnung. Der Broker sorgt also für die Verwaltung des Kapitals und die Orderausführung.

6. Wann können Sie handeln und aktiv werden?

Hier kommt es darauf an: Je nach Assetklasse gibt es vorgeschriebene Handelszeiten, die fest einzuhalten sind. Ein Beispiel: Aktien sowie die bekannten Derivate können in den meisten Fällen während der Börsenöffnungszeiten gehandelt werden. Hierbei sind Feiertage und auch internationale Handelszeiten, sollten Sie mit Auslandswerten zu tun haben wollen, zu berücksichtigen. Bei Devisen sieht es schon wieder anders aus: Der Euro, das britische Pfund, der US-$ und alle anderen Währungen werden in der Regel 24 Stunden lange gehandelt. Dennoch gilt es zu beachten, dass am Wochenende meist kein Markthandel von allen Finanzprodukten stattfindet. Allerdings können auch Order schon vor Börsenöffnungszeiten erteilt werden, die der Broker dann sofort vornimmt, wenn die Börse eröffnet und die ersten Minuten der Handelszeiten beginnen. In diesem Überblick dürfen Sie jetzt schon entscheiden, ob das Daytrading für Sie nun ein klares oder ein eher verwirrendes Geschäft ist. Fakt ist allemal, dass Sie stets

nur die Geschäfte am Markt tätigen sollten, die Sie auch verstehen. Aus einem Unverständnis heraus und nur in der Gier, das schnelle Geld verdienen zu müssen, hat bisher selten ein Anleger nachhaltig Cash verdienen können. Deshalb gilt: Verschaffen Sie sich erst einem Überblick rund um die Fakten beim Daytrading, bevor Sie ein Depot eröffnen, sich mit dem richtigen Equipment ausstatten und die Charts für sich deuten – und war richtig. Wer versteht, wird lernen. Wer lernt, kann Geld verdienen, indem er sich langsam an den Markt mit kleinen Summen herantastet...

Kennen Sie die große Fondsgesellschaft Franklin Templeton? Die US-Amerikaner gelten als Vorreiter in Sachen Märkte und Börse – doch sind sie das wirklich? So steht auch in vielen Fällen für Bürger aus den USA das Trading-Geschäft für den Anleger an erster Stelle, bevor dieser auf ein Sparkonto investiert. Jedoch gilt auch beim Daytrader in den USA nicht selten die Devise: wie gewonnen, so zerronnen. Sie sollten, bevor Sie sich in den Markt einkaufen, immer Chancen und Risiken abwägen und nur mit dem Geld zu Beginn investieren, das Sie auch sicher entbehren können. In folgendem Zitat bringt es Sir John Templeton recht rasch auf den Punkt, worum es beim antizyklischen Handeln geht:

„Wenn Sie bessere Ergebnisse als die breite Masse haben wollen, müssen Sie auch anders vorgehen als die breite Masse." Wer weiß, ob Ihnen genau das beim Daytrading

Sabine Mühlen

gelingt?

Schon jetzt wünsche ich Ihnen von Herzen: Ein goldenes und richtiges Händchen an der Börse!

Sabine Mühlen

IV. Warum ist es so schwer, beim Daytrading Geld zu verdienen

Ganz sicher will ich Ihnen nicht den Spaß beim Daytrading in diesem Kapitel verderben oder Sie von den Geschäften an der Computerbörse abbringen. Gerade in einer Welt ohne Zinsen, in der wir uns schon seit vielen Jahren aufhalten, suchen sie mehr denn je viele Anleger: die Märkte, an denen es Unmengen an Ertrag zu erwirtschaften gibt! Vergebens finden wir lukrativen Zinsen in Anleihen, Sparbriefen, Festgelder oder anderen „herkömmlichen" Formen der Geldanlage. Genau deshalb boomt sie auch: die Börse. Doch – wer sich mit dem Daytrading auseinandersetzt, der sollte wissen, dass dies nichts mit einer langfristig ausgerichteten Investition zu tun hat. Daytrader möchten schließlich in rasantem Tempo Geld verdienen und dabei sind sie wenig interessiert am monatlichen Sparen in Aktien, ETF's oder diversen Investmentfonds, mit denen sehr viele Anleger auf eine mittel- oder langfristige Sicht betrachtet Erfolge generieren. Die Märkte rund um die Finanzen gelten als spannend. Wer sich langfristig am Wirtschaftswachstum von soliden Konzernen wie BMW, Siemens, Apple, Novartis, Microsoft, Softbank und Co beteiligen möchte, kann dies in Form von Aktienwerten praktizieren. Doch auch beim Daytrading kann dieser Basiswert über ein Derivat für einen Aktien-Index oder Future dargestellt werden.

Derivate können beim Daytrading auch, um ein paar Beispiele zu nennen, in folgende Geschäfte abgeschlossen werden:

Sabine Mühlen

Aktienindex-Futures, Devisentermingeschäften, Aktienindex-Optionen, Optionen in Aktien, Caps und Collars, Edelmetall-Futures, Floors, Edelmetall-Optionen, Floors, Swap-Geschäfte, Forward Rate Agreements (FRA), Swaptions, Warentermingeschäfte, Zinsoptionen oder Zinstermingeschäfte inklusive hereingenommener Forward Forward Deposits oder börsenmäßige Zins- und Indexfutures. Sie sind jetzt verwirrt, was all die Begriffe aus der Welt der Finanzen (ja, sie stehen nicht nur im Gabler Lexikon) denn genau bedeuten? Keine Angst – das Daytrading sollten Sie nur auf den Trakt (das Einzelgeschäft) abschließen, das Sie auch gut verstehen. Dies rate ich Ihnen jedenfalls sehr dringend an – denn nur wenn wir Anleger wissen, was wir kaufen, sind wir uns auch bewusst, welche Konsequenzen das mit sich bringen kann, dieses Geschäft zu tätigen. Es war so, es ist so und es wird auch immer so bleiben: Kaufen und Verkaufen an der Börse will gelernt sein!

Trader ist ein eigener Beruf mit Kompetenz.

Sie sollten wissen, dass große Investmentbankhäuser professionelle Trader einkaufen, die am Markt für sie tätig werden. Wer sich mit dem Daytrading von tiefem Grund auf beschäftigt, weiß, dass es viel Zeiteinsatz und Aufwand bedeutet, die Realtime-Kurse stets online zu verfolgen und richtig zu ordern. Wer als Laie sich im Daytrading versuchen will, muss wissen, dass seine Mitspieler zur ganz großen

Sabine Mühlen

Kategorie der Bankhäuser zählen, die sich sehr intensiv mit der Thematik auseinandersetzen. Mit diesem Knowhow sollten Sie rechnen, wenn Sie als Gegenspieler am Markt unterwegs sind. Beim Trading wechseln sehr große Geldsummen schnell den Besitzer. Die fünf-oder sechsstelligen Beträge, die hin- und hergeschoben werden, investieren vor allem die „global player", die großen Bankhäuser. Sie sollten sich also stets bewusst machen, dass Sie es mit wahren Profis aufnehmen, wenn auch Sie traden möchten.

Der größte Player am Markt sind somit die Banken und größten Investmenthäuser. Sie haben viele ausgebildeten Trader, die den allermeisten privaten Investoren in der Regel vieles voraushaben. Sie tragen ein hohes Wissen und einen großen Erfahrungsschatz in sich, den sie möglichst clever nutzen. Das sind also die Kontrahenten von Ihnen als Privat-Trader, die es zu schlagen gilt. Genau deshalb ist das Daytrading auch für manchen Einsteiger so verdammt schwer. Dennoch gibt es eine gute Möglichkeit und Chance, sich Schritt für Schritt in den Markt einzukaufen. Deshalb stelle ich Ihnen jetzt ein vier wichtige Schritte von A – D vor, die Sie als Neuling in Sachen Daytrading unbedingt beachten sollten.

A) Eröffnen Sie ein Demokonto bei einem Broker

Dieses „Test-Konto" dient zum Ausprobieren Ihrer Kenntnisse. Ohnehin empfehle ich jedem Anleger, sich auch im Vorfeld

mit Fonds und dem Investment in Sachwerten ein wenig auseinanderzusetzen, bevor er aktiv mit realem Cash ins Daytrading einsteigt. Bei einem Demokonto ist es so ähnlich wie beim „Planspiel Börse" das noch heute viele Sparkassen jungen Erwachsenen anbieten, die ein Gespür für den Markt bekommen sollen. Im täglichen Doing lernt man schließlich am meisten – und wenn es nicht das eigene Geld betrifft, ist es im Anfangsstadium durchaus der richtige Weg, sich ins Trading-Geschäft einzufinden.

Als Tipp Nr. eins gilt es also, ein Konto bei einem Broker eröffnen, das als Demokonto gekennzeichnet ist. So kann sich jeder in den Börsenmarkt ein wenig einfühlen. Buchen Sie außerdem kein teures Coaching oder einen Kurs, der Ihnen im Internet in Sachen Daytrading angeboten wird. Hier wird oft propagiert, wie schnell ein großer Reichtum entsteht, wenn man sich im Daytrading starkmacht. Doch bitte glauben Sie nicht alles, was Ihnen erzählt wird.
Trading ist eine harte Arbeit und die Banker in großen Investmenthäusern besitzen eine hochwertige Ausbildung rund um Derivate, Termingeschäfte, Small Caps und Co, damit sie erfolgreich am Markt agieren. Diese Tatsache sollten Sie stets vor Augen haben, wenn Sie hoffen, beim Spekulieren den schnell verdienten Euro einzunehmen.

B) Bitte investieren Sie kleine Summen beim Traden

Sabine Mühlen

Wie ich Ihnen schon erklärt habe, geht es beim Daytrading um Kontrakte, die man am gleichen Tag eröffnen und schließen möchte. Wer hier mit einer Art von „Spielgeld" beginnt, kann von Kursrutschen nach unten nicht zu sehr in den Ruin der Fassungslosigkeit getrieben werden. Wenn Sie sich somit mit einem Demokonto ein wenig in den Markt eingefunden haben, können Sie mit kleinen Summen selbst aktiv werden, die natürlich von Ihrem frei verfügbaren Geld eingesetzt werden. Wie in dem Beispiel von Peter zu Beginn des Buches schon erklärt ist, sollten Sie einen finanziellen Background im Hintergrund haben, wenn Sie ein wenig „Geld für das Spiel" einsetzen möchten. Als Grundsatz sollen Sie beim Daytrading, je nach Risikobereitschaft, niemals mehr als 10 % von Ihrem Notgroschen, also der eisernen Reserve, investieren. Doch auch ab ca. 20 Euro können Sie einen Trakt eingehen. Nach unten sind keine Grenzen gesetzt und es gibt keine Mindestsumme, die Sie beim Trading einsetzen müssen. Vor allem dann, wenn Sie erste Erfahrungen sammeln möchten, lohnt sich auch der Einsatz von sehr kleinen Beträgen. Achten Sie doch darauf, dass die Transaktionskosten bzw. Gebühren in diesem Zusammenhang niemals zu hoch werden.

Wie wird laut der Welt der Sparkassen die eiserne Reserve bemessen?

Als eiserne Reserve dient der Notgroschen, den jeder Mensch beiseitelegen sollte für Reparaturen, Renovierungen oder

Sabine Mühlen

unvorhergesehen Ausgaben. Manche Menschen fühlen sich mit drei Monatsgehältern als eiserne Reserve wohl, andere Anleger denken, dass vom Gesamtvermögen ca. 10 % als Notgroschen zur Seite geschafft werden sollte. Diese Reserve kann zum Beispiel auf einem Tages- oder Geldmarktkonto verwahrt werden.

Wichtig ist, dass Sie sich mit der von Ihnen frei gewählten eisernen Reserve wohlfühlen, weil dieser Freiraum es Ihnen ermöglicht, ohne Schulden kleinere Investitionen vornehmen zu können.

Nehmen wir einmal an, Sie haben ein durchschnittliches Gehalt von 3.000 Netto in jedem Monat. Nach der ersten Regel der eisernen Reserve nach dem dreifachen Gehalt läge Ihr Notgroschen also bei 9.000 Euro, die Sie ohne Bindung und frei verfügbar auf einem Konto verwahren sollten. Um sicher zu gehen, können Sie mit 10.000 Euro in diesem Falle sicher ruhig schlafen, wenn unvorhergesehene Ausgaben entstehen sollten. Aus dieser eisernen Reserve dürfen Sie nun im Anfangsstadium 10 % maximal im Daytrading investieren. Das wären in Ihrem Falle also 1.000 Euro „Spielgeld".

Sollten Sie diese Summe vermehren, was ich Ihnen wirklich sehr wünsche, kann dieses Geld natürlich wieder reinvestiert werden. Im Grundsatz sollten Sie jedoch nicht über die Grenze der Summe von 1.000 Euro hinausschießen, denn eines steht

Sabine Mühlen

fest: „Gier frisst Hirn!" Wer beim Daytrading nämlich schnell gewinnt ist verleitet dazu, alles auf eine Karte zu setzen und mehr zu investieren, als im Rahmen des Gesamtbudgets gesund wäre.

Deshalb sollten Sie den nächsten Punkt C ganz dringend beachten.

C) Bedenken Sie, dass sich niemals ein Suchtverhalten entwickeln darf.

Dass die Menschen oft zu gierig werden, wenn Sie zur Spielbank gehen und gewinnen, liegt im Naturell der Emotionen vieler Leute. Speziell aus diesem Grund sind auch viele Daytrader schnell zu gierig nach Geld und Erfolg, wenn sie die ersten Gewinne einfahren. In rasantem Tempo kann die Geldgier zu einer Sucht werden, wir kennen dieses Verhalten von einer Spielbank. Vor allem private Trader müssen hierbei stark darauf achten, dass ihnen genau nicht dies zum Verhängnis wird. Letztendlich zählt immer, was nach einer gewissen Zeit von einem halben Jahr oder Jahr nach Kosten unterm Strich übrigbleibt, wenn man auf Dauer in Sachen Daytrading erfolgreich agieren möchte. Bedenken Sie aus diesem Grund immer, mit der richtigen Strategie (Details folgen in diesem Buch) sich vorsichtig und step by step an den Markt heranzutasten. Werden Sie niemals zu gierig oder entwickeln Sie gar ein Suchtverhalten. Es ist, wie so oft im Leben:

Sabine Mühlen

Höhenflug und tiefes Tal liegen meist sehr eng beisammen. Wer alles auf eine Karte setzt und mehr als geplant investiert, kann sogar im finanziellen Fiasko landen.

Genau aus diesem hier genannten Grunde sollten Sie sich immer ein Limit setzen als „Spielgeld", das Sie investieren können. Bitte gehen Sie zu Ihrem eigenen Schutz nie über dieses Limit hinaus, denn „Gier frisst Hirn!"

D) Berücksichtigen Sie bitte alle Transaktionskosten!

Der Buchgewinn und Kaufkurs verleiten oft viele Trader-Neulinge dazu, sich schnell ihre Gewinne auszurechnen. Doch Vorsicht: Jede Order kostet Geld. Je aktiver Sie beim aktiven Daytrading agieren, desto mehr Kosten überweisen Sie an Ihren Broker. Deshalb sollten Sie stets folgende Rechnung vor Augen haben:

    Brutto-Gewinn

-alle Kosten für das Depot
-sämtliche Transaktionskosten

= Nettogewinn

Dazu kommt die Tatsache, dass Chart-Programme oder andere Informationsquellen sowie teure Tools, die Sie zur Analyse

Sabine Mühlen

bezahlen müssen, ebenso Geld kosten können wie das unterhaltene Depot. Es ist, wie immer im Leben: Was unterm Strich an Ertrag übrigbleibt ist Ihr Rein- oder Nettogewinn. Alle Transaktionskosten werden stets an Broker überwiesen. Speziell aus diesem Grunde lohnt es sich immer, Kosten und Gebühren vor der Depoteröffnung zu vergleichen. Vergleich macht reich. Wenn Sie frustriert beim Traden denken „außer Spesen nichts gewesen" haben Sie vielleicht den falschen Broker oder ein zu teures Depot bzw. Tool zum Daytrading ausgewählt.

Diese 4 ersten Schritte sollten Sie in sich tief verankern, bevor Sie mit dem Daytrading beginnen. Fest steht allemal, dass Sie in den Regeln, die Ihnen von A bis D hier vorgestellt sind, sich selbst und Ihr Vermögen schützen. Sie denken, ich als Autorin wäre zu vorsichtig oder will Ihnen das Daytrading ausreden? Nein – das ist keineswegs der Fall. Doch Ihr Wohl und Ihr Geld liegt mir am Herzen. Mir geht es hier um einen soliden Ratgeber, der Sie informieren soll, welche Gefahren und Chancen im Daytrading stecken. Nur dann, wenn Sie absolut objektiv informiert sind, können Sie auch nachhaltig Spaß am Geschehen rund um Börse und Ihr Depot erleben. Dieses Buch ist keine Werbebroschüre für eine Bank oder ein Investmenthaus. Ich will Ihnen auch keinen Kurs oder ein teures Coaching verkaufen. Mir geht es darum, dass Sie lange an dieser Lektüre profitieren werden, weil sie diese immer wieder als Nachschlagewerk betrachten.

Sabine Mühlen

So wünsche ich es mir zumindest – um Sie selbst und Ihre Finanzen zu schützen!

Wenn Sie jedoch alle Regeln und Fakten rund um das Daytrading beachten und sich für innovative Lösungen der Geldanlage interessieren, dann liegen Sie mit der passenden Trading-Strategie goldrichtig. Dadurch werden Sie niemals im finanziellen Ruin landen, sich langsam in den Markt einarbeiten und dürfen sich das ein oder andere Extra an Reisen oder genialen Alltagsfreuden gönnen, die Ihnen in Ihrem Leben frischen Glanz verleihen. Schritt für Schritt können auch Sie somit neue Märkte erobern und langfristig Ihr Vermögen als Investor neben dem Trading aufbauen. Investieren und Traden – diese Möglichkeiten der Geldanlagen sollten immer parallel zueinander verlaufen. Diese seriöse und bodenständige Denkweise dient Ihrem eigenen Schutz und hilft Ihnen dabei, solide zu sparen.

Bitte beachten Sie außerdem, dass es durchaus Erfolgs-Statistiken in Sachen Daytrading gibt.

Eine Studie des Forbes-Magazins informiert mit folgenden, aktuellen Zahlen:

„77 % der privaten Trader machen Verluste! Von denjenigen, die Gewinn erzielen, ist der durchschnittliche Gewinn pro Jahr 22.000 US-$."

Sabine Mühlen

Beim Daytrading sollten Sie also unbedingt wissen: Trader ist ein Beruf und kein Hobby! Auch die großen Summen, die oft in plakativen Werbebotschaften versprochen werden, gelten nicht selten nur einem Zweck: eine große Werbebotschaft zu verkünden. Wenn im Durchschnitt 22.000 US-$ an Gewinnen eingenommen wird und man weiß, dass beim Daytrading harte Arbeit dahintersteckt, dann merkt jeder sehr schnell: „Die wundersame Geldvermehrung mit Trading, Hebeln und Co ist in keinem Falle zu erwarten!"

Mit dieser realistischen Einschätzung können Sie sich gerne ans Geschäft heranwagen. Bleiben Sie realistisch. Bleiben Sie cool! Bleiben Sie bei der Wahrheit, wenn es um die Nettosummen geht, die Sie als Gewinn generieren können. Wetten, dann können auch Sie jede Menge Spaß am Daytrading erleben?

Auf den Punkt gebracht:

Gute Trader fühlen sich nicht veranlasst, stets traden zu müssen. Eine Trading-Pause kann sich durchaus als lukrativ herauskristallisieren.

Folgendes Zitat unterstreicht diese Weisheit:

„Ein Kennzeichen erfolgreicher Trader ist, dass sie einwandfrei funktionieren, wenn sie nicht traden.

Sabine Mühlen

Wenn sich die Märkte beruhigen und in eine Konsolidierung geraten, beschäftigen sich diese Trader mit verschiedenen Aktivitäten, wie dem Austausch mit Kollegen bis hin zur Recherche. Trader, die Untätigkeit nur schwer ertragen können, verspüren dann zwangsläufig den Drang zu traden, auch wenn es häufig überhaupt keinen Anlass dazu gibt. Für sie ist der Verlust von Geld weniger belastend als Langeweile."

– Zitat von Dr. Brett Steenbarger, TraderFeed –

V. Die richtigen Grundsätze für den Anfänger

Sie wissen jetzt, dass es beim Daytrading darauf ankommt, ein paar wichtige Basics einzuhalten. Daytrading ist mehr, viel mehr, als sich nur die wundersame, schnelle Geldvermehrung zu erträumen – und das noch möglichst ganz ohne Ihr Zutun. So kann und wird das Geschäft nicht funktionieren. Deshalb sollten Sie sich, bevor Sie sich mit Charts und den richtigen Angaben und Strategien beschäftigen, nochmals ein paar Fakten als Grundlage merken, damit Sie sich keine Illusionen machen, wenn Sie ein Depot eröffnen und sich den schnellen Gewinn erhoffen,. Mir geht es darum, liebe Leserin und lieber Leser, dass Sie von Anfang an Spaß am Daytrading finden und mit dem richtigen Händchen unterwegs sind – und das auf eine lange Sicht hinweg betrachtet. Anfängerfehler passieren immer wieder. Um diese möglichst zu vermeiden, und zwar von Anfang an, sollten Sie sich diese Regeln nochmals durchlesen. So können Sie nicht vergessen und die Erfolgsaussichten stehen gut, damit Sie beim Daytrading auch nachhaltig Gewinne erzielen werden.

Die wichtigsten Regeln im Überblick:

- Bringen Sie nur sehr überschaubare Summen von Ihrem Vermögen ins Trading ein. 10 % von der eisernen Reserve bieten hierbei ein gutes Maß, an das Sie sich orientieren können. Setzen Sie nur diese Summe immer wieder ein und freuen Sie sich auch über die Gewinne, von denen Sie sich

Sabine Mühlen

ab und an eine kleine Besonderheit in Ihrem Leben gönnen.

- Denken Sie, dass Sie auch damit klarkommen, wenn diese Summe komplett verspielt wäre. Ärgern Sie sich nicht darüber, wenn Sie dieses Limit als Lehrgeld bezahlen würden, das Sie beim Daytrading erst einmal investieren. Jeder professionelle Trader muss sein Lehrgeld als Kostenbeitrag bezahlen. Setzen Sie sich hierfür von Anfang an ein Budget.

- Achten Sie darauf, dass Sie immer verschiedene Informationsquellen nutzen, um Ihr Wissen zur jeweiligen Assetklasse zu erweitern. Hierbei sind gute online-Portale und diverse Finanzseiten eine renommierte Quelle, um sich stets up to date zu halten.

- Bedenken Sie, dass zu starke Emotionen an der Börse kein guter Rat sind. Aus einer Euphorie heraus sind nur selten auch gute Geschäfte entstanden. Ebenso sind panische Aktionen an den Märkten meist keine gute Idee, wenn man langfristig Erfolge generieren möchte. Ruhe bewahren – Gewinne mitnehmen und damit zufrieden sein – diese Weisheit gilt auch fürs Daytrading.

- Möchten Sie sich vielleicht in Sachen Trading mit einer anderen Person austauschen und zusammen das Demokonto testen? Gemeinsame Ideen können Sie stärken.

Sabine Mühlen

Allerdings sollten Sie auch wissen, dass andere Menschen uns meist starkbeeinflussen, wenn sie uns ihre Meinung schildern. Aus diesem Grunde ist es immer wichtig, dass Sie erkennen: Gemeinsam Ideen zu sammeln, macht stark. Allerdings gilt auch, wenn's ums Geld geht, dass viele Freundschaften auseinandergehen, wenn hier nicht faire und klare Regelungen getroffen werden. Von gemeinschaftlichen Depots unter Freunden rate ich, wie die meisten Experten, dringend ab.

- Lassen Sie sich nicht zum Kauf von teuren Tools oder Chart-Programmen überreden. Schließlich reicht es, sich über guten, seriöse Portalen von Banken und Finanzen zu informieren, die Tagespresse zu lesen und den Markt über alle wichtigen Quellen und Netzwerke zu verfolgen. Bauen Sie hierbei auf die Quellen, die Sie verstehen und die alle Fachausdrücke gut erklären.

Verwenden Sie ein Depot von einer Bank, die Sie überzeugt und auch auf der Kostenseite alle Vorteile für Einsteiger bietet, die wichtig sind. Hierbei lohnt -es sich allemal, Depot- und Transaktionskosten genau zu vergleichen. Manche Depotbanken bieten zugleich einen Bonus für Einsteiger und Neulinge im Geschäft. Lassen Sie sich davon nicht zu sehr verlocken und denken Sie, dass Sie vermutlich langfristig traden möchten und auf Dauer preiswerte Transaktionskosten genießen wollen.

Sabine Mühlen

- Setzen Sie sich klare Ziele, wie viel Sie verdienen möchten und sind Sie damit auch zufrieden. Wenn Sie zum Beispiel an einem Tag 500 Euro in ein Derivat investieren, das Sie noch dazu hebeln, denken Sie sich, dass Sie mit einem Gewinn von 20 % an einem Tag absolut glücklich sein dürfen. Sollte dann dieser Wert tatsächlich die Grenze von 600 Euro erreichen, verkaufen Sie auch. Hier helfen Ihnen Limits und bestimmte Ordermöglichkeiten, die im Buch noch genau erklärt werden.

- Legen Sie sich ein extra Konto an, das Sie nur zum Daytrading benutzen und das Sie möglichst keine zusätzlichen Gebühren kostet. So verlieren Sie nicht den gesamten Überblick über Ihre Finanzen und Sie sind dazu verleitet, Geld nachzuschießen und aus unbesonnenen Impulsen heraus zu handeln.

- Beschäftigen Sie sich bitte nur mit den Märkten, die Sie auch verstehen und denen Sie vertrauen. Ein Beispiel: Wenn Sie an die deutsche Wirtschaft glauben und auch selbst mit BMW-Aktien in ihrem Depot zur Investition schon gute Erfahrungen gesammelt haben, spricht nichts dagegen, sich auch beim Daytrading mit BMW zu beschäftigen und damit Transaktionen vorzunehmen. So profitieren Sie von Ihren Erfahrungen. Allerdings gilt es auch hier zu beachten, dass meist Nachrichten branchenübergreifend die Märkte beeinflussen.

Wenn also Banken- oder Versicherungswerte in den Keller rauschen, betrifft diese oft viele einzelne Werte wie Deutsche Bank, Postbank oder auch Finanz-Werte wie UBS oder Degussa. Genau so ist es auch in der Branche rund um die Automobile. Fallen Werte wie VW, Daimler oder Renault, wird auch die BMW-Aktie vermutlich davon nicht verschont bleiben.

- Sammeln Sie Ihre Erfahrungen und entwickeln Sie den richtigen Stil, damit Sie mit Ihrem Trakt auf Dauer erfolgreich sind. Ein paar Stile zum Traden stelle ich Ihnen in diesem Kapitel nun im Detail vor.

Folgende Stile von Geschäft beim Daytrading unterscheide ich jetzt in diesem Buch für Sie:

1) Die Idee vom Scalping:

Diese Trades sind von äußerst kurzer Haltedauer. Ein sogenannter Scalper hält einen Trade nur für sehr kurze Zeit. Innerhalb von wenigen Sekunden oder Minuten will er den Trakt wieder schließen und sein Geschäft unter Dach und Fach bringen. Dieser Anleger schneidet sich nur sehr kleine Bewegung von wenigen Punkten aus einem Wert als Basis heraus. Schnell ist er zufrieden auch nur mit sehr kleinen Kursbewegungen und realisiert in rasantem Tempo. Hierbei sollten Sie als Trader beachten, dass Sie stets am Ball bleiben müssen und praktisch fast nicht offline sein dürfen, um auch

Sabine Mühlen

kleine Kursbewegungen nicht zu versäumen. Der Scalper besitzt meist große Erfahrungen beim Trading versteht sein Geschäft mehr als gut.

2. Das klassische Daytrading

Beim Daytrader gilt es als spezielles Merkmal, dass dieser Trakt meist für ein paar Stunden gehalten wird, bevor man ihn schließt bzw. zu Ende bringt. Meist hält der Daytrader also die eingegangene Position für so einige Stunden oder bis zum Ende des Handelstages. Doch auch hierbei muss der Trader stets am Ball bleiben. Wenn das anvisierte Ziel schon nach wenigen Minuten erreicht ist, kann der Anleger natürlich auch schneller als geplant agieren und das Geschäft schließen. Alles, was in der Gewinnspanne des angedachten Zieles ist, das ist das natürlich in Ordnung.

3. Swingtrading – eine Trading-Form die Ihnen mehr Zeit schenkt

Wenn Sie es nicht ganz so eng sehen, wann das Geschäft geschlossen werden muss, sind Sie mit diesem Stil genau richtig unterwegs. Swingtrader haben eine längere Dauer für Ihr Geschäft geplant und denken auch, dass Sie für mehrere Tage die Order nicht zwingend schließen möchten bzw. müssen. Swingtrades dauern deshalb gerne mal ein paar Tage bis hin zu einigen Wochen lang an. Diese Methode ermöglicht mehr

Sabine Mühlen

Spielraum und bedeutet, dass man Kurse auch längere Zeit beobachten darf, um Gewinne zu realisieren. Allerdings sollte man hierbei achtgeben, dass bei einem Kursrutsch nach unten nur überschaubare Verluste getragen werden und der Trader beim Kursverfall nicht denkt: „Irgendwie hoffe ich doch noch, dass alles wieder gut wird, obwohl die Presse voller negativen Nachrichten steckt!" Sich Verluste einzugestehen und sie zu realisieren ist oft eine sehr große Kunst beim Börsenhandel.

Ein bekannter Profi sagte einmal völlig zurecht: „Es gibt eine Million Strategien, um an der Börse Geld zu verdienen. Aber nur einer dieser Wege ist Dein persönlicher Weg."

Insofern können auch Sie zwischen den Stilen hin- und her switchen und sich immer wieder auf neue Fakten und Gegebenheiten einlassen, die sich nach der Marktlage richten. Über den Test und den eigenen Erfahrungsschatz kann hierbei jeder herausfinden, welche Möglichkeiten sich beim Traden bieten und welche am besten zu ihm selbst und zu seiner Persönlichkeit passen. Finden Sie also, Schritt für Schritt, zu Ihrem persönlichen Stil, der Sie weder zum Sklaven der Technik macht, weil Sie immer online sein müssen, noch der Sie träge werden lässt. Wenn Sie aus einem Frust heraus die Kurse gar nicht mehr verfolgen möchten, haben Sie sicher auch nichts gewonnen. Finden Sie genau Ihren Stil, denn das ist Ihr Weg, Geld zu verdienen. Ganz nach dem Motto „Learding by doing!" können Sie hierbei Spaß am Traden finden und ein schönes,

Sabine Mühlen

kleines Polster oder gar ein kleines Vermögen aufbauen. Gönnen Sie sich selbst ein Geschenk von Ihren Gewinnen – ist das nicht ein schönes Ziel?

„Kein Beruf erfordert mehr harte Arbeit, Intelligenz, Geduld und geistige Disziplin als erfolgreiche Spekulation."
– Zitat von Robert Rhea –

Sabine Mühlen

VI. Die Forex und ihre Tücken

Sie wissen nun vermutlich, dass ein Online-Depot beim Daytrading die wichtigste Grundlage schlechthin darstellt. Hier können Sie einen Broker für Ihr Geschäft beauftragen, der seine Gebühr gleich vom Ordervolumen abzieht. Jeder Trakt kostet außerdem Transaktionskosten, die zusätzlich von der Rendite, die Brutto erwirtschaftet wird, abgezogen werden müssen. Soweit ist diese Regel jedem privaten Anleger klar. Des Weiteren kommt hinzu, dass große Banken und Investmenthäuser die „global Player" beim Daytrading darstellen. Diese Großinvestoren, die den ganzen Tag keine anderen Geschäfte tätigen, als sich um Geldanlagen zu kümmern und die Funktion vom Daytrading als Beruf ausüben, können auch andere, günstigere Gebühren erwirtschaften als viele Privatanleger. Je größer das Volumen, desto besser können viele Banken auch verhandeln. Somit bezahlen die global Player am Markt, also die Banken und Investmenthäuser, oft weniger Transaktionskosten als Sie als privater Spekulant. All diese Faktoren sollten Sie beachten und wissen, bevor Sie mit dem Traden loslegen. Zudem werden Währungsgeschäfte, sprich die Schwankungen von US-$ gegenüber dem Euro oder die Entwicklung vom britischen Pfund gegenüber dem japanischen Yen (als Beispiele genannt) über die Forex abgeschlossen. Der Währungsmarkt (Devisen) ist jedoch einer mehr als schwer durchschaubarer Markt, den man von der Pike auf verstehen muss. Die allermeisten ernstzunehmenden Trader machen einen Bogen um diesen sehr komplizierten Markt

Sabine Mühlen

und das aus einem wichtigen Grund, den ich Ihnen jetzt wie folgt darstelle: Währungsspekulationen sind mit Abstand eines der kompliziertesten Felder im Bereich Daytrading. Auch wenn man sich die Vergangenheit rund um das Thema Devisen betrachtet, hat die Erfahrung gezeigt, dass selbst die größten Geldhäuser (mit großem Know How und Milliarden an Kapital) nur recht schwer in der Lage sind, das damit verbundene Risiko zu managen! Schließlich sind die Einflussfaktoren von Turbulenzen rund um die Devisen oft mit Kriegen, elementaren Katastrophen in Sachen Umwelt und Politik und vielen weiteren Unwägbarkeiten mehr verbunden. Finden zum Beispiel gravierende Krisen wie die Ölkrise oder auch Kriege wie vor vielen Jahren der Irak-Krieg mit den USA statt, haben diese entscheidenden Ereignisse einen großen Einfluss auch auf den US-$. Augenscheinlich fällt meist die Währung stark ab, wenn die politische Lage im Land nicht abzuschätzen ist. Auch einem absoluten Finanz-Profi gelingt es nur selten im Vorfeld, derartige Katastrophen oder unvorhersehbare Geschehnisse im Vorfeld zu betrachten und richtig zu deuten. Obwohl also die Forex ein breiter Markt für das Daytrading ist, sollten Sie, nach meiner Ansicht, als Laie absolut zu Beginn dieses Geschäftes Abstand vom Devisenhandel nehmen. Daytrading bedeutet, dass Sie perfekt auch mit anderen Märkten als dem Devisenmarkt spekulieren können. Bei japanischem Yen, australischem Dollar und Co zählen kaum fundamentale Fakten wie bei Aktien und Co. Das macht den Devisenmarkt auch so schwierig, wenn man diesen analysieren möchte.

Sabine Mühlen

Einsteigertipp:

Obwohl man als Daytrader in vielen Broschüren und Ratgebern die Idee erhält, dass der Forex-Markt mit der wichtigste Markt ist, den „jeder erkunden muss", halte ich diese Aussage als Banker für grob fahrlässig. So manche beruflich engagierte Händler, Hedger und Broker können gerade die Risiken rund um die Devisen kaum abschätzen. Überschwemmungen, Wirtschaftskrisen oder politisch geführte Kriege sind auch für die großen Weisen an der Börse kaum im Vorfeld abzusehen.Natürlich kann man, wenn der Anleger zum Beispiel auf steigenden US-$ gegenüber dem Euro baut, aus einem Scalptrading auch ein Swingtrading machen und somit die Zeit, bis das Geschäft geschlossen wird, ausweiten. Doch aus der Erfahrung kann ich Ihnen berichten, dass bei einer Tendenz auf eine bestimmte Währung auch innerhalb von ein paar Tagen nicht unbedingt eine Umkehr zu erkennen ist.

Beispiel:

Fällt der US-$ gegenüber dem Euro zum Beispiel aufgrund einer ausbrechender Katastrophe von 0,95 auf 0,91 und Sie haben auf steigenden US-$ gesetzt, wird sich der Kurs kaum schnell wieder erholen. Auch nach weiteren 2 bis 3 Tagen steigt der Kurs aller Wahrscheinlichkeit nicht wieder an auf einen Preis von über 0,95 US-$ oder mehr. Ein Krieg oder eine Katastrophe ist schließlich auch nicht in einer Woche wieder

Sabine Mühlen

vorbei oder gar behoben. Alle großen Kursrutsche an der Börse wie zum Beispiel die Finanzmarkt-Krise oder die Dotcom-Blase im Jahre 2000 haben sich über viele, viele Monate hinweg ausgebreitet. Somit haben professionelle Daytrader hier ihren Trakt entweder schnell mit Verlust geschlossen oder sehr viel Geld in dieser Phase verloren. Wahre Experten an der Börse können gerade den Währungsmarkt sehr schlecht abschätzen, der sich oft nicht in rasantem Tempo wieder erholt. Als Einsteiger in den Markt empfehle ich Ihnen deshalb, von der Forex im Anfangsstadium Abstand zu nehmen. Handeln Sie vielmehr mit Werten, die Sie verstehen können. Eine hinterlegte Aktien als Basiswert ist überschaubar. Wer weiß, dass die negativen Nachrichten rund um den Diesel-Skandal die gesamten deutsche Autobranche belasten, kann mit einem Put bzw. einer Position in short auf fallenden Aktienkurs setzen. Alles, was für Sie logisch erscheint und Sie mit Ihrem klaren Menschenverstand nachvollziehen können, ist Gold wert in Sachen Trading.

Obwohl also die Forex einer der größter, effizienteste und bekannteste Markt mit dem größten Transaktionsvolumen darstellt, sollte man als Einsteiger nach meiner Ansicht hiervon zu Beginn Abstand nehmen. Da an der Forex vor allem sehr komplexe und nicht vorhersehbare Währungsgeschäfte gehandelt werden, deren Entwicklung kaum ein Hedger eines Investmenthauses im Vorfeld abschätzen kann, eignen sich andere Märkte besser für den Neuling.

Außerdem möchte ich Ihnen, neben der Forex, noch ein paar

Sabine Mühlen

Fakten hier im Kapitel vorstellen, die Sie von der Pike auf verstehen sollten: Stellen Sie sich bitte hierfür folgende Frage:

Was ist nun eine Long- oder Shortposition oder was bedeutet ein Put oder ein Call?

Sicher haben auch Sie diese Begriffe immer wieder einmal gehört, wenn es rund um das Spektrum der Wertpapiere geht. Ich erkläre Ihnen aus diesem Grund deshalb ein paar Basics: Long zu gehen oder einen Call zu kaufen, bedeutet, dass Sie auf steigende Kurse setzen. Hier glaubt der Anleger also, dass die Märkte sich nach oben bewegen und denkt grundsätzlich positiv über den Markt. Es wird auch, wenn mehr Anleger kaufen als verkaufen von einem Bullen- oder Käufermarkt gesprochen.

Short zu gehen oder einen Put zu kaufen heißt hingegen, dass Sie auf tendenziell auf fallenden Kurs setzen und keine positive Aussichten in den Markt mitbringen. Der Verkäufer- oder Bärenmarkt gewinnt hier Oberhand, wenn mehr Menschen short gehen oder sich überwiegend Put-Akteure im Wertpapiergeschäft engagieren.

Vielleicht haben Sie all die Begriffe schon gehört, dennoch sind diese elementar wichtig, in einem richtigen Zusammenhang auch zu verstehen. Wenn Sie sich in den Daytrading als Markt einkaufen, können Sie sowohl mit Puts als auch mit Calls ihre

Sabine Mühlen

Gewinne erzielen. Wenn Sie Ihre Takts noch dazu hebeln, erhöhen Sie Ihre Chancen noch zusätzlich, was jedoch auch ein verstärktes Risiko bedeutet.

Wie ich Ihnen rund um die aktiven Trader im Markt schon erklärt habe, ist es jedoch sehr wichtig, dass Sie wissen: der Markt kommt immer nur zustande, wenn gleichzeitig viele Menschen short und long gehen bzw. einen Put oder einen Call kaufen. Ohne Handel wird kein Preis festgestellt. Wenn Sie also mit einem Call auf die steigende Apple-Aktie setzen, muss es einen Gegenspieler geben, der bei Apple auf Put setzt.

Käufer- und Verkäufermarkt bei Xetra, Forex und Co

In diesem Zusammenhang wird rund um die Devisen und Finanzen immer wieder von einem Käufer- oder Verkäufermarkt gesprochen. Die Bullen und die Bären bestimmen also den Preis, der für bestimmte Papiere festgelegt wird. Sicher stellt es jetzt, in all dem Wissen, das Sie bereits in sich tragen, keine Überraschung dar, dass der Käufermarkt von Calls und Long-Positionen gekennzeichnet ist. Merkmal bei einer Short-Position bzw. dann, wenn Menschen sich in Puts einkaufen, ist natürlich die Oberhand der Macht der Verkäufer. Das wird kurz auch als Verkäufermarkt bezeichnet. Doch, völlig egal, ob ein Käufer- oder ein Verkäufermarkt am jeweiligen Handelstag vorherrscht: Es gibt immer beide Seiten, also die Put- und die Call-Trader, damit überhaupt ein Kurs zustande kommt. Im

Sabine Mühlen

Umkehrschluss ist also völlig klar, dass nicht immer ein Kurs festgestellt wird, da zu viel Nachfrage oder zu viel Angebot am Markt vorherrschen. So können Sie auch nicht immer davon ausgehen, dass genau das Bedürfnis, das Sie an dem Tag unbedingt erfüllt wissen möchten, auch tatsächlich befriedigt wird. Gerade, wenn Sie limitierte Order erteilen, die nur zu einem bestimmten Kurs ausgeführt werden sollen, können Sie durchaus leer ausgehen und Ihre Order wird nicht ausgeführt. Das ist so, wie wenn ein Supermarkt am Abend die Bananen loswerden will, aber dennoch niemand genau diese Früchte kaufen will. Das Risiko liegt also in jedem Markt, dass der Händler auf der ein oder anderen Waren sitzenbleibt und eben Angebot und Nachfrage nicht aufeinandertreffen. Genau das gilt für jeden Aktionär oder jeden Daytrader. Aus diesem Grund ist es durchaus wichtig, sich auch das Handelsvolumen der jeweiligen Assetklasse bzw. des einzelnen Wertpapiers, mit dem Sie handeln möchten, genau anzusehen.

Die Bullen und die Bären

Bleiben wir bei den Tieren, die vor der Frankfurter Böse in Bronze stehen, die Sie vielleicht längst kennen: Der Bulle und der Bär. Von einem Bärenmarkt wird in der Presse berichtet, wenn ein Verkäufermarkt vorherrscht. Der Bulle mit seinen Hörnern jedoch hebt den Markt nach oben, was auch als Käufermarkt deklariert wird. Ganz klar: Je mehr Personen ein Papier kaufen möchten, desto mehr wird der Preis steigen

Sabine Mühlen

und von den Hörnern des Bullen nach oben getrieben, was natürlich auch für den umgekehrten Falle gilt: Beim Verkäufermarkt rasen die Kurse oft in hurtigem Tempo nach unten, was man bei großen Krisen wie der Dotcom-Blase und schon sehr häufig beobachten konnte, wenn die „Kanonen donnern".

Grundsatz:

Vor allem dann, wenn Sie sich von Beginn an sinnvoll und umfassend mit dem Trading auseinandersetzen, ist das Volumen des Papiers, das Sie ordern möchten, entscheidend. Je größer die Investitionssumme ist, die Sie tätigen möchten, desto mehr Handelsvolumen sollte am Markt bestehen. Bei sehr „exotischen Papieren", die zwar einen Kurs aufweisen, aber kein Handel stattfindet, lohnt sich kaum ein Investment. Bei ohnehin kleinen Summen, die der Einsteiger investieren will, ist das Volumen natürlich nicht kriegsentscheidend, dennoch muss immer ein Handel stattfinden. Wenn ausschließlich Geld- oder Briefkurse (mit dem Zusatz G oder B) notiert sind, findet auch kein realer Handel mit Geldfluss statt. Die Beobachtung eines Markes über mehrere Tage hinweg ist deshalb ein guter Tipp, den jeder Trader von Anfang an beherzigen sollte. Das Demodepot hilft jedem Einsteiger extrem dabei, ein richtiges Feeling für die Märkte und jedes einzelne Wertpapier zu bekommen.
Probieren Sie also viele Märkte aus wie Aktien im nationalen

oder internationalen Bereich oder Rohstoffe wie Gold, Silber, Platin und Co. Testen Sie mit Hilfe vom Demokonto, welche Werte zu Ihnen passen und stehen Sie vor allem zu dem Investment, das Sie tätigen möchten. Tendenziell empfehlen viele Banken für den Neueinsteiger, sich in Indizes und nicht in Einzelwerte einzukaufen.

Der Vorteil von Indizes – worin besteht er genau?

Sie investieren beim Call in Indizes nicht in einen einzelnen Wert wie Micorsoft, Softbank, Deutsche Telekom und Co, sondern vielmehr in einen großen Korb, der viele Werte beinhaltet. Obwohl viele Investoren wissen, was DAX, S & P 500, der Dow Jones aus den USA und der NAS 100 darstellen, denken sie nicht daran, auch beim Daytrading in einen Index zu investieren. Natürlich muss in diesem Buch über das Trading keinesfalls jeder einzelne Index erklärt werden, dessen Inhalt Sie auch schnell googeln können.

Dennoch sollten Sie die Fakten, die es rund um die allgemeine Geldanlage zu beachten gilt, nicht vergessen. Mehr denn je sollten dieses Handwerkszeug alle Trader verinnerlichen, damit sie auf Dauer erfolgreich ihr Vermögen mehren und nicht mindern.

Auch in Sachen Rohstoffen können Sie sich selbst aus Kupfer, Gold oder Silber eine breit gefächerte Anlagestruktur im Depot zurechtlegen. Als neuer Trader hingegen dürfen Sie durchaus einmal den Wert verfolgen, der Ihnen am meisten behagt und

Sabine Mühlen

den Sie beim Demokonto am besten beobachten konnten. Die große Kunst beim Ordern der richtigen Aufträge besteht also darin, sich nicht zu sehr in Details und kleine Aufträge zu verstricken, die nur unnötige Transaktionskosten verursachen, und dennoch das Risiko zu minimieren. Wer alles auf nur ein Pferd setzt, trägt das Risiko in sich, dass es in die falsche Richtung läuft. Klumpenrisiken sind immer zu vermeiden, egal um welchen Aufbau eines Depots es auch geht.

Kennen Sie das Pendel?

Chancen und Risiken geben sich die Hand – immer! In meiner Zeit, in der ich in der Vermögens- und Anlageberatung einer großen Bank gearbeitet habe, habe ich immer wieder solche oder ähnliche Fragen gehört:

„Ich will mehr Zinsen, als es derzeit am Markt zu verdienen gibt bei Festgeld oder dem Sparbrief, aber ich möchte kein Risiko eingehen!"

„Mit Aktien habe ich schlechte Erfahrungen gemacht. Alle gewinnen immer, aber ich habe nach der großen Finanzmarkt-Krise alles verloren und sehr frustriert verkauft!"

„Natürlich will ich am Markt dabei sein und alle Chancen nutzen. Aber ein Risiko? Nein – das gehe ich dabei sicher nicht ein!"

Sabine Mühlen

Kommen Ihnen solche oder ähnliche Sätze bekannt vor? Vermutlich beantworten Sie diese Frage jetzt mir „Ja!" Wenn Sie also darauf bauen, dass Sie eine Chance nutzen, diese aber völlig ohne Risiko für sich zum Vorteil in Bares umwandeln möchten, haben Sie sich gewaltig getäuscht. Eine Chance zu nutzen, ganz ohne Risiken im Markt eingehen zu müssen - diese Tatsache ist nicht möglich. Anders gesagt: „Sie können nicht duschen ohne nass zu werden!"

Stellen Sie sich, zur Verdeutlichung dieses Beispiels, bitte einmal ein großes Pendel einer Uhr vor. Wer sich beim Daytrading einkauft, will schließlich optimale Chancen nutzen. Wenn Sie nun dieses Uhrpendel in eine Richtung bewegen und loslassen, wird es in die andere Richtung schwingen. Je weiter Sie das Pendel aufziehen, desto weiter schwingt es auch auf die andere Seite. Wer also Chancen am Markt nutzen möchte, sollte sich damit beschäftigen, dass dies niemals ganz ohne Risiko möglich sein wird. Chancen und Risiken geben sich also immer die Hand – so ist es auch beim Trading.

Vermutlich sind Ihnen diese „goldenen Regeln" aus der Finanzanlage durchaus bewusst. Mehr denn je ist es auch für das Tagesgeschäft eines Traders elementar wichtig, dass sich auch stets die Chancen und Risiken die Hand reichen. Auch beim Trading zählt die Devise: Bleiben Sie cool, wenn sich der Kurs nach oben oder unten bewegt und schließen Sie das Geschäft. Wer viel verdienen will, muss auch bereit dazu

Sabine Mühlen

sein, Schwankungen nach unten zu ertragen. Nur dann, wenn in der Spielbank etwas riskiert wird, steigen auch die Chancen auf Gewinne auf das Maximale. Haben Sie das Uhrpendel stets vor Ihren Augen, bevor Sie sich für die Transaktion eines Geschäftes entscheiden. Genau deshalb ist es das A und O der Geldanlage, sich von Anfang an nur mit kleinen Summen an das Daytrading heranzuwagen, dessen Verlustrisiken Sie tragen könnten.

Fassen wir es nochmals zusammen:

Glauben Sie nicht, dass die Forex die einzelne Sparte ist, in die sich ein Investment lohnt. Der Devisenmarkt ist mit der schwierigste Markt, den man im Vorfeld selten richtig abschätzen kann. Wer hier sein Geld investiert, sollte sich schon sehr gut rund um die internationalen Währungen, die gehandelt werden, auskennen.

Beschäftigen Sie sich mit Indizes und mischen Sie Ihr Vermögen von Anfang an, indem Sie nicht alle Eier in einen Korb legen. Das ist selten mit einem Einzelwert wie EON, Allianz und Co der Fall, dass Sie Werte richtig mischen. Investieren Sie stattdessen in den Euostoxx, in den Nikkei oder in andere Indizes, mit denen Sie sich identifizieren können. Bedenken Sie stets das Pendel einer Uhr, denn: Nur so kann sich ein Investment auch für einen kurzfristigen Spekulanten lohnen.

Sabine Mühlen

Beachten Sie außerdem bei ausländischen Indizes wie Hang Seng (Honkong), Bovespa (Brasilien), SMI (Schweiz), Nasdaq (USA) und Co, dass Sie ggf. ein Währungsrisiko mittragen, wenn Sie sich in einen rein internationale ausgerichteten Index zulegen und sich an der Kursentwicklung beteiligen.

Extratipp:

Es gibt währungsbereinigte Beteiligungen zu kaufen, die das Kursrisiko mit absichern oder einschränken. Jedes Absicherungsgeschäft kostet jedoch zusätzlich Geld für den Trader. Genau hierbei sollten Sie sich immer aktuell informieren, welche Angebote derzeit am Markt vorherrschen. Informationen aus fundierten Quellen wie FAZ, die Zeit, Handelsblatt und Co sind das halbe Leben. Dennoch gilt es auch unter Betrachtung von diesem Aspekt: Wer Risiken in anderen Währungen über eine Beteiligung eingeht, kauft sich auch gleichzeitig in lukrative Chance außerhalb des Euros ein.

Realisieren Sie Gewinne, denn: Nur realisierte Gewinne wirken sich letztendlich auf Ihren Anlage-Erfolg aus. Doch auch diese Tatsache trifft im Grundsatz auf alle volatilen (stark schwankende) Märkte zu.

Stehen Sie hinter dem Geschäft, das Sie eingehen und machen Sie es nicht nur den anderen Marktteilnehmern nach. Sie selbst haben es in der Hand, ob Sie hinter der Aktie XY,

dem Rohstoff Gold oder anderen Märkten stehen. Antizyklisches handeln, also das Agieren gegen den Strom, kann hierbei genau die richtige Strategie mit den besten Perspektiven darstellen.

Last but not least: Haben Sie Spaß am Daytrading und verfolgen Sie mit Hingabe und großem Engagement Ihr Ziel, das Geld zu vermehren. Sehen Sie das Trading als Ergänzung zur strukturierten, langfristig orientierten Vermögensanlage.

Wenn Sie, neben den bisher vorgestellten Tatsachen rund um das Daytrading, nun alles beachten, was in diesem Kapitel vorgestellt ist, steht der Gewinn-Maximierung für Ihr gesamten Vermögen nichts mehr im Wege.

Mit dem prägnanten Zitat von Helmut Schoek werde ich dieses Kapitel schließen:

„Das größte Risiko unserer Zeit liegt in der Angst vor dem Risiko."

Bedenken Sie stets, dass Sie nur für sich überschaubare Risiken eingehen, damit Sie Chancen nutzen. Außerdem ist die Forex bei weitem nicht der einzige Markt (wenn auch mit der schwierigste...) in den Sie Ihr Geld anlegen sollten. Entgegen vieler am Markt propagierten Weisheiten sollten Sie als vorsichtig sein, wenn es speziell um die Forex geht.

Sabine Mühlen

VII. Die technische Analyse

Nun ist in diesem Buch ein sehr wichtiges Kapitel erreicht. Wir alle kennen sie: die „Fieberkurven" rund um das Geschäft mit Wertpapieren wie Futures, Indizes, Forex oder CFD`s. Hier wird in die Vergangenheit geblickt und Rückschau vorgenommen. Die Chart-Analyse können Sie aufgrund diverser Tools oder Programmen aus dem Netz vornehmen oder versuchen, einen Chart selbst zu deuten. Einen Chart zu betrachten und diesen vor allem richtig zu interpretieren, ist eine der größten Künste von Analytikern, Finanz Experten, Wertpapier-Gurus und Bankern.

In der heutigen Zeit können Sie sich einen Chart analysieren und erklären lassen. Nichtsdestotrotz ist es nach meiner Ansicht elementar wichtig, dass Sie selbst einmal verstehen, welche Formationen bei der technischen Analyse eine wichtige Rolle spielen. Es wäre viel zu umfangreich, hier alle Details rund um Wimpel, Kopf-Schulter-Formationen, Umkehrtrends und weiteres Fachwissen, das in die Tiefe geht, vorzustellen. Dennoch möchte ich an dieser Stelle ausdrücklich darauf hinweisen, dass Sie einen Chart verstehen sollten, wenn Sie traden. Beschäftigen Sie sich also auch im Rahmen Ihres Demodepots rund um die Analyse und die technisch ausgerichtete Vergangenheitsbetrachtung, wenn es um das für Sie richtige Geschäft geht.
Vertrauen Sie vielen seriösen Tools, aber lernen Sie selbst, auch ohne ein teures Coaching zu buchen, einen Chart zu

analysieren.

Jetzt folgen die für Sie wichtigsten Signale, die jeder Trader bei der technischen Analyse kennen muss:

Die Linien, die viele Aussagen in sich bergen

Trendlinien entstehen dadurch, dass an jedem einzelnen Tag, an dem ein Wertpapierhandel stattfindet, ein Kurs in einem Diagramm eingetragen wird. Im Anschluss werden all die Kurse miteinander in einer horizontalen Linie verbunden. Es entsteht also eine Trendlinie, die eine Tendenz zu einem Kursverlauf nach oben oder unten darstellt. Schnell schon wird auf einen einzigen Blick erkannt, in welche Richtung der Trend eines Wertpapiers auch in der Zukunft verlaufen kann. Noch dazu werden Durchschnittslinien gebildet, die eindeutige Kauf- oder Verkaufssignale geben. Eine moderne Chart-Software liefert außerdem einen klaren Trendkanal, in dem sich der Kurs des Wertes bewegen soll. Wird der Trendkanal nach oben und unten durchbrochen, ergeben sich eindeutig Kauf- oder Verkaufssignale. Was ist nun die Meinung von vielen Experten rund um die Finanzen rund um diese Trendlinien?

Die Meinung ist gespalten. Trendlinien können bei sehr klarer Identifikation durchaus sehr hilfreich sein. Das Problem besteht in folgender Tatsache: Die eindeutige Chart-Deutung und die genau richtige Interpretation der Linie. In der Praxis werden vermutlich viele Spekulanten und Investoren schnell erkennen.

Sabine Mühlen

Fast jeder Trader zeichnet seine Lieblingslinie in das Diagramm. So ist die Zeichnung im Chart natürlich wichtig, damit Sie auf einen Blick erkennen, wie die Vergangenheit im Verlauf eines Wertpapierkurses genau aussieht. Außerdem sollten Sie folgende Tatsache niemals aus den Augen verlieren: Je länger Sie einen Chart als Rückschau betrachten, desto besser. Warum? Hier ergibt sich ein objektives Ergebnis rund um die Analyse eines Charts.

Was sind die Unterstützungs- und Widerstandslinien?

Bei den Unterstützungs- und Widerstandslinien handelt es sich um die horizontale Darstellung von Trends. Trendlinien oder -kanäle laufen dagegen diagonal und geben klaren Aufschluss darüber, wenn der Kanal durchbrochen wird, dass Handlungsbedarf besteht. Bei den reinen Unterstützungs- und Widerstandslinien werden hingegen die lokalen Hoch- und Tiefpunkte miteinander verbunden. Es verbindet sich somit, neben der punktuellen Darstellung eines Kurses, eine Linie, die Ihnen einen klaren Verlauf schenkt, wie sich der Kurs in der Vergangenheit entwickelt hat. Bricht jedoch ein einzelner Tageskurs von dieser Linie deutlich nach oben oder unten aus, ergibt sich daraus ganz automatisch ein Kauf- oder Verkaufssignal. Was ist der Vorteil von dieser Darstellung? Dieses Chartlevel kann sehr eindeutig festgenagelt werden und viele Marktteilnehmer konzentrieren sich rein auf diese Widerstands- und Unterstützungslinien. Das setzt zusätzlich

eine Kursbewegung ins Rollen, wenn bei einem Kaufsignal (Widerstandslinie nach oben wird durchbrochen) viele Spekulanten und Investoren kaufen und bei einem Verkaufssignal (Unterstützungslinie wird nach unten durchbrochen) viele Anleger verkaufen. Somit können sich mehrere Marktteilnehmer auf die gleichen Zonen konzentrieren. Dies ist nicht selten eine große Entscheidungshilfe, die man bei Kauf und Verkauf treffen kann. Außerdem werden viele Stopp Loss-Orders oder limitierte Aufträge ganz genau nach diesen Linien ausgerichtet. Dieser Tatsache stellt somit einen weiteren Synergie-Effekt dar, der zusätzlich die Kurse nach oben oder unten steuert, wenn nicht gar manipuliert. Allerdings werden Ihnen die Begriffe der Limits und Stopp Loss-Marken noch im Buch vorgestellt. Fakt ist, dass die Kurse das gesamte Niveau eines Kursverlaufes brechen können, wenn Widerstände und Unterstützungen durchschritten werden.

Der einfache gleitende Durchschnitt

Dieser Wert wird auch als (Simple Moving Average = SMA) bezeichnet. Der SMA kristallisiert sich schon seit vielen Jahren als einer der wichtigsten Indikatoren überhaupt heraus. Natürlich kann auch der SMA nur als vergangenheitsbezogener Wert betrachtet werden. Vor vielen, vielen Jahren hingegen galt der GD (gleitender Durchschnitt) als Instrument, der die Kurse in einer Kennzahl dargestellt hat. Was ist ein entscheidender Vorteil vom GD gegenüber dem SMA? Den gleitenden Durchschnitt kann jeder Spekulant sehr einfach berechnen.

Sabine Mühlen

Außerdem können recht erfahrene Anleger und Trader den SMA dafür verwenden, dass sie auf eine einfache Art und Weise verstehen, ob sich ein Kauf lohnt oder nicht. Mittlerweile sind jedoch bei vielen Tools im Netz oder bei der speziell ausgerichteten Chart-Software die prägnantesten Indikatoren eingezeichnet.

Dabei werden meist sowohl der GD und als auch der SMA deutlich dargestellt und als klares Handlungssignal deklariert. Fest steht allemal, dass viele Profis auf den SMA setzen und unzählige weitere Indikatoren dafür verwenden, sich ein Urteil über einen bestimmten Wert zu bilden. Genau aus diesem Grunde sollte sich auch der private Trader mit diesen Grundlagen beschäftigen und die Signale richtig interpretieren, ohne ausschließlich nur einem oder zwei Indikatoren sein Vertrauen zu schenken.

Auf den Punkt gebracht:

- Kurse die sich über dem gleitenden Durchschnitt bewegen, deuten auf einen Käufermarkt hin und liefern das Signal auf einen bullischen Markt. Somit stehen die Chancen gut, dass Sie einen positiven Kursverlauf erleben werden und tendenziell ein Geschäft im Sinne von long abschließen sollten.

- Kurse, die sich unter dem gleitenden Durchschnitt bewegen, deuten auf einen Verkäufermarkt hin. Das heißt, es kann sich ein von den Bären bestimmter Kursverlauf (Verkäufermarkt) einstellen. Was heißt das genau? Aller Wahrscheinlichkeit nach ist hier von fallenden Kursen in der Zukunft auszugehen. Spekulanten schließen ihr Geschäft hierbei im Sinne von put bzw. short ab.

Der EMA, der wichtige exponentielle gleitende Durchschnitt

Neben dem gleitenden Durchschnitt ist auch der EMA ein Wert, den man als Analytiker eines Charts kennen sollte. Auch der EMA kann Ihnen die Entscheidung, ob Sie beim Trading kaufen oder verkaufen sollten, ganz erheblich erleichtern. Damit man die durchschnittlichen Kurse in der Betrachtung der Rückschau genau deuten kann, wurde vor vielen Jahren von Tradern etwas experimentiert, wie man den SMA noch verbessern könnte. Es entstand dabei der EMA als wichtiges Signal für alle Trader. Sie sehen: Auch die Charttechnik bleibt niemals stehen und es entstehen immer wieder neue Grundlagen, nach denen sich viele Spekulanten sowie die meisten Investoren richten. Somit kann auch mit Hilfe vom EMA der herkömmliche Durchschnitt in eine noch tiefere Methode mit der Liebe zum Detail umgewandelt werden. Gerade der Daytrader achtet stark auf das Signal, das der EMA aussendet. Als sogenannter Quickie zeichnet sich der EMA 20 oder 50 als bewährtes Instrument für den Daytrader aus. Hier wird der gleitende Durchschnitt

sogar auf Stundenbasis oder in noch kürzeren Abschnitten dargestellt. Sie können somit auch bei diesem Indikator sowohl die 20-er als auch die 50-er EMA-Kennziffer nutzen, um sich folgende Frage selbst zu beantworten: „Soll ich eher kaufen oder verkaufen?" Je kürzer der EMA den Durchschnitt aufzeigt, desto wichtiger das Signal für den Daytrader, der im Scalping unterwegs ist.

Wie kann der EMA 20 oder 50 gedeutet werden? Es gilt die gleiche Regeln wie beim SMA: Liegt der Wert über den gleitenden Durchschnitt, deutet diese auf einen Bullenmarkt oder Käufermarkt hin und umgekehrt.

Wichtig:

Gerade dann, wenn Sie sehr kurzfristig im Daytrading unterwegs sind und als Scalper aktiv werden, zählt jede Minute, die im EMA dargestellt ist. Hier sollten Sie auf alle Fälle immer wieder erneut auf den EMA 20 oder 50 achten, damit Sie den Kursverlauf schnell für sich zum Vorteil nutzen und wissen, ob Sie kaufen oder verkaufen sollen. Call und Put während eines einzigen Tages richtig zu ordern ist schließlich das A und O für den erfolgreichen Trader.

Der Moving Average Convergence Divergence (MACD)
Dieser technische Indikator stellt für Trader und Investoren eines dar: Intuition pur. Der Indikator ist von Gerald Appelt entwickelt und erweitert den GD um eine einfache Art, die an

Sabine Mühlen

Eleganz kaum zu überbieten ist: Der Trend und auch das sogenannte Momentum wird hier in einem einzigen Wert ermittelt und dargestellt. Dieses sehr ausschlaggebende Kriterium betrachten Trader und viele Investoren gleichermaßen, was den MACD in seiner großen Wichtigkeit in einem besonderen Licht erscheinen lässt. Wie bei vielen Signalen im Chart liegt die Tücke im Detail: Viele Chart-Programme stellen alle wichtigen Indikatoren dar und viele Marktteilnehmer handeln ausschließlich nach den Programmen, die den Chart darstellen. Wenn nun viele Trader und Anleger ausschließlich mit dem Computer nach dem Chart handeln, dann setzt sich ein großer Hebel einer Massen-Bewegung in Gang. Auch hier spielt der MACD eine große Rolle, wenn er wichtige Signale aussendet.

Was ist genau zu beachten, wenn der Indikator MACD für den Daytrader wichtige Details verrät? Sobald der MACD über einer bestimmten Signallinie liegt, kann ein eindeutiger bullischer Faktor gedeutet werden. Somit möchten mehr Menschen Call als Put gehen. Im Umkehrschluss findet genau das Gegenteil statt, wenn der MACD sich unter der im Chart signalisierten Linie zeigt. Liegt der Indikator unter dem GD, kann dies als deutlicher Hinweis für den Verkauf (Put) gelten. Ein Markt der Bären stellt sich ein, was sogar einen kompletten Abwärtstrend nach unten auslösen kann. Genau aus diesem Grunde ist der MACD sehr oft erkennbar um im Chart eingezeichnet, wenn sich eine Trendumkehr im Anschluss ergibt.

Sabine Mühlen

Das Histogramm und das Momentum

Das Momentum bzw. das Histogramm ist, wie es der Name schon vermuten lässt, eine wichtige Moment-Aufnahme, die die Aktualität des Kurses widerspiegelt. Es wird in diesem wichtigen Indikator vorgestellt, wie der Wert, der betrachtet wird (zum Beispiel eine Aktie) sich im Verhältnis zum allgemeinen Markt aufstellt. Der Durchschnitt aller Werte wird hier dem Einzelwert gegenübergestellt und dient somit nur der aktuellen Tagesaufstellung. Welche Kriterien sollten Sie bei der Betrachtung dieser Zahl beachten und als Richtwert gelten lassen?

Es gibt nur zwei Fälle, die Sie fokussieren sollten, wenn das Momentum bzw. das Histogramm als Kriterium zur Entscheidung verwendet wird:

- Eine positive Zahl im Histogramm bzw. im Momentum zeigt, dass es sehr gute Aussichten auf einen Käufermarkt zu erkennen gibt. Die meisten Spekulanten also setzen tendenziell auf Call anstatt auf Put.

- Ist der Wert bei einem Momentum bzw. beim Histogramms negativ und mit einer Minus-Kennzahl ausgewiesen, sollten Sie eher verkaufen als kaufen. Hier gehen viele Analytiker short anstatt long.

Natürlich sind MACD, das Momentum oder Histogramm,

der SMA und auch die anderen Trends und Indikatoren bei der Chart-Analyse nicht nur als alleinige Kennzahl wichtig. Sie sollten alle Signale in der Summe ansehen. Meist ist es jedenfalls das komplette Zusammenspiel aller zu betrachtenden Indikatoren eines hinterlegten Wertes, die der Daytrader beachten muss, bevor er am Markt tätig wird. Durchschnittslinien und viele weitere Indikatoren zeigen allerdings meist ähnliche Signale, die eine bestimmte Handlung nach sich ziehen können.

Der Relative Strength Index (RSI)

Wenn Sie als Trader, egal ob Sie als Scalper oder Swingtrader agieren, den RSI deuten möchten, dann dürfen Sie vor allem an eine Person denken: an den Börsen-Guru mit dem Namen J. Welles Wilder. Dieser hat den RSI erfunden und als elementar wichtiges Werkzeug angesehen. Auch mit diesem Indikator kann der Börsianer wichtige Signale aus dem Chart lesen, die ihn auf Kauf oder Verkauf einstimmen. Somit ist beim Daytrading dieser Faktor extrem wichtig, natürlich nur im großen Zusammenspiel mit allen anderen wichtigen Einfluss-Faktoren der Indikatoren als Gesamtwerk.

Wie können Sie sich den RSI vorstellen? Ähnlich wie ein Tachometer misst diese Zahl die Geschwindigkeit des Marktes. Wenn es rasant nach oben geht oder das Tempo tendenziell gemächlich oder gemütlich verläuft, dann wird genau das im RSI vorgestellt. Nur auf einen einzelnen Handelstag

Sabine Mühlen

betrachtet zeigt diese Kennzahl, ob sich der Wert eines Basisinstrumentes schneller oder langsamer als der Durchschnitt im Markt bewegt.

Ein klassisches Beispiel zu diesem Thema:

Gibt es an einem einzigen Tag sehr viele positive rund um eine Aktie wie die Deutsche Bank, kann sich der RSI im Durchschnitt auch positiver als der DAX entwickeln.

Wie jedoch wird dieser Indikator genau berechnet?

Der RSI verbindet den Anstieg im Durchschnitt eines Börsentages aber auch den Rückgang im Durchschnitt zu einem bestimmten Verhältnis (RS). Das Kurs Momentum ist ein gleicher Wert, der mit dem RSI verglichen wird – und das nicht nur von den wahren Börsen-Profis. Erst am Ende der Betrachtung führt der Analytiker eine Glättung des Kurses durch, die im Chart am nächsten Tag eingezeichnet wird. Der RSI wird in genauen Werten von 0 bis 100 dargestellt. Sie können sich diesen Wert sehr gut merken, wenn Sie sich einen Tachometer im Auto vorstellen. Je größer die Zahl, desto rasanter das Tempo, mit dem der Basiswert gegenüber dem Markt unterwegs ist. Ähnlich wie bei einer anderen Kennzahl, nämlich der Vola (diese stellt die Volatilität, sprich, die Schwankungsbreite eines Kurses dar) gilt hier: Je größer die Kennzahl, desto höher das Risiko. Das Tempo, das hier vorgelegt wird gibt die Richtung vor, wie schnell ein Wert steigt

Sabine Mühlen

oder fällt.

Die Interpretation des RSI ist somit sehr simpel. Beim RSI wird gegenübergestellt, wie der durchschnittliche Anstieg im Verhältnis zum durchschnittlichen Rückgang aussieht. Übersteigt der Anstieg der Zahl vom Fall nach unten, ist dies als klares Kauf-Signal zu bewerten. Ist der Durchschnitt der Verkäufe großer als der der Käufe, sollten Sie Put gehen und tendenziell besser verkaufen als kaufen. Meist ist jedes Signal, das im Chart eingezeichnet ist, in einer Fußnote erklärt oder in klaren Farben wie grün (Kauf) oder rot (Verkauf) genau eingezeichnet. Dennoch gehört es zu den Basis-Instrumenten in Sachen Chart-Analyse, diese Werte zumindest schon einmal gehört zu haben und deren Sinn auch zu verstehen.

Die Stochastik

Diesen Indikator hören wir immer wieder, wenn wir uns mit der technischen Analyse beschäftigen. Was macht die Stochastik denn genau aus? Dieser Wert wird aus zwei sehr exponentiellen Linienzusammengesetzt. Beide Linien stellen sich bei der Stochastik wie folgt dar: in der „%K-Linie" und in der „%D-Linie". Ihnen klingt das jetzt schon zu kompliziert? Dann sollten Sie sich vermutlich nicht mit dem Daytrading beschäftigen. Es ist vor allem bei der Stochastik wichtig, dass in dieser Verbindung auch der Oszillator eine bedeutsame Rolle spielt. In den beiden Indikatoren der Stochastik und des Oszillator in der Kombination werden ganz einfach die Werte von 0 bis 100

Sabine Mühlen

deklariert.

Ein Zahlenbeispiel zur Stochastik:

Nehmen wir einmal an, es wird ein Kurs von zwei Wochen betrachtet und die Kurse waren in diesem Zeitraum überwiegend positiv in einem Aufwärtstrend zu erkennen. Dann weist sich auf der „% K-Linie als Wert" ein positiv ausgewiesene Zahl auf. Wenn innerhalb eines Zeitraums von 2 Wochen die Tendenz der Kurse eher nach unten als nach oben zu verzeichnen war, ergibt sich ein deutlich niedriger „%-K-Wert" als in umgekehrter Form.

Was jedoch signalisiert nun die „%D-Linie" aus? Hier wird die Signallinie als gleitender Durchschnitt der letzten 2-Wochen-Periode nun zum Verhältnis der anderen Linie betrachtet.

Einige Anpassungen in der jüngsten Vergangenheit dieser Formel zeigen jedoch, dass diesen Wert kein Trader mehr selbst berechnet, ganz im Gegenteil: Der Computer oder das jeweilige Tool steuert von sich aus, wie der Indikator ausgewiesen wird, der sehr schnell schwanken kann. Die Stochastik wird jedoch stets in einer Messlatte zwischen 0 und 100 ausgedrückt und Daytrader wissen die Ziffer sehr schnell richtig einzuordnen.

Welche Werte bei der Stochastik haben sich hierbei, wenn die Vergangenheit betrachtet wird, mehr als bewährt – und das nicht nur beim Daytrader?

Sabine Mühlen

- Eine Stochastik von über 80 zeigt, dass der Markt als überkauft gilt und die Euphorie an der Börse überzogen erscheint. Hier sollten Sie daran denken, Gewinne zu realisieren und kein übertriebenes Kauf-Verhalten im Massenstrom an den Tag zu legen. Schließen Sie die Position und freuen Sie sich über die realisierten Gewinne.

- Was ist ab einem Stochastik-Wert von unter 20 zu deuten? Hier ist genau das Gegenteil der Fall. In diesem Falle könnte sich abzeichnen, dass die Schlussverkaufspreise zu übertrieben sind. Es wurde hier zu aktiv verkauft, was die Kurse nach unten drückte. Wie sollten Sie bei einer Stochastik von unter 20 reagieren? Handeln Sie antizyklisch. Clevere Börsianer nutzen die Chance, um zu kaufen und neues Geld in den Markt zu investieren. Alles, was übertrieben ist an der Börse, kann sehr große Chancen für den Käufer darstellen.

Diese wichtigsten Kennzahlen sind bei weitem nicht alle Indikatoren, die bei der technischen Analyse wichtig sind. Es sollen hier nur ein paar Beispiele vorgestellt werden, welche Kennziffern Chart-Programme für Sie signalisieren. Feststeht allemal, dass die meisten Daytrader sich bestimmter Tools bedienen, die Ihnen die Fakten rund um RSI, Stochastik, Momentum und Co zuweisen. Dennoch ist es in meinen Augen wichtig, ein paar Formeln dieser Ziffern ableiten zu können.
Neben der fundamentalen Analyse, die ebenso wichtig ist, wie jedes Chart-Programm, sollten Sie also nicht nur die

Sabine Mühlen

Branchenzahlen und die Gewinnsituationen rund um jedes einzelne Unternehmen und jeden Basiswert kennen, sondern auch mit Charts etwas anfangen können. Auch, wenn diese nur den Rückspiegel vorweisen und die Vergangenheit anzeigen: jeder Investor und Trader richtet sich nach dem Chat aus. Diese Ziffern, die oft sogar ein computergestütztes Programm beinhaltet und nachdem so viele Trader automatisch vorgehen, nehmen also für den weiteren Kursverlauf einen großen Stellenwert ein.

Es sind somit die vier wichtige Einfluss-Faktoren, die einen Kursverlauf bestimmen, die ich nochmals wiederhole, damit Sie die Bedeutung nicht vergessen:

1.   Die politischen Faktoren und die täglichen Einflüsse aus dem   Wirtschaftsgeschehen   (Krisen,   Kriege, Umweltkatastrophen und Co).

2.   Die Technik bei einem Chart, die hier beispielhaft an Indikatoren und Trendlinien dargestellt ist.

3.   Die fundamentalen Daten rund um den Basiswert. Hier geht es um die wirtschaftlichen Bilanz- und Gewinnzahlen einer Aktiengesellschaft oder die gesamte Einschätzung eines anderen Basiswertes wie Öl, Gold oder ähnliches.

4.   Die Psychologie der Menschen, die an der Börse agieren.

Sabine Mühlen

Nun haben Sie einen Einblick in die technische Analyse und in die Daten, die Ihnen ein Chart-Programm ausweist. Bitte nehmen Sie allerdings den Vergleich zu einer Fahrt mit einem Fahrzeug wie einem Auto als Bewertung, wie wichtig Charts sind:

Ein Chart ist der Blick in den Rückspiegel eines Autos. Sie müssen jedoch, wenn Sie klare Sicht bewahren möchten und mit dem Auto sicher im Straßenverkehr unterwegs sind, nicht nur in den Rückspiegel blicken. Die Sicht durch die Frontscheibe ist mindestens genauso wichtig, wie den Außen- und Rückspiegel im Auge zu behalten. Deshalb sind fundamentale Fakten, volkswirtschaftliche Aussichten sowie die sinnvolle Zukunfts-Prognosen zum Thema Wirtschaft und Co mindestens genauso elementar entscheidend wie die Betrachtung eines Charts. Das gesamte Werk macht es so interessant aber auch so komplex, das Sie im Zusammenhang stehen sollten, um sich ein Urteil über den Markt zu bilden. Nur dann sehen auch Sie als Trader alle Zusammenhänge, die die Kursbewegung nach oben und unten letztendlich bestimmen. Tja – und dennoch können Sie auch dann nicht alles absehen und mit der „großen, weisen Glaskugel" alle Prognosen voraussehen, die der wundersamen Geldvermehrung dienen.

Verrückt ist, dass die Chart sehr viele Trader als so wichtiges Signal hernehmen und sich ausschließlich danach richten, wenn sie kaufen oder verkaufen möchten. Genau deshalb gehe ich jetzt noch auf ein paar Details ein, die für den Daytrader beim

Sabine Mühlen

Thema Chartanalyse von großer Bedeutung sind.

Somit stelle ich Ihnen noch sehr wichtige Formationen der Chartanalyse vor, die jeder Trader kennen muss. Die Chartanalyse ist gerade für den Trader eines der wichtigsten Instrumente, um den Handel mit Wertpapieren oder Derivaten zu optimieren. Egal, ob Sie als Scalper, als klassicher Daytrader oder als Swingtrader aktiv sind: Ziel ist es stets, auf Basis von Charttechnik die Kursentwicklung der Zukunft zu prognostizieren. Wer hier den anderen Marktteilnehmern einen Schritt voraus ist, hat gute Karten, beim Daytrading erfolgreich zu sein.

Nachdem ich Ihnen schon einige genaue Indikatoren beim Chat vorgestellt habe, geht es jetzt um Formationen oder genaue Chartmuster, die Sie nicht nur einmal gehört haben müssen. Daytrading ist, gerade wenn Sie das Geschäft hebeln möchten, schließlich die Königsdisziplin bei einer Order im Wertpapiergeschäft.

Die Darstellung des Preises eines Basiswertes mit den diversen Hilfsmitteln von Kerzendiagrammen oder Linien, die in den Farben rot und grün glänzen, hilft den meisten Anlegern dabei, sinnvolle Entscheidungen zu treffen.

Die Konstruktion und Abarbeitung eines Orderbuchs, die Kauf und Verkauf darstellen (nähre Aufzeichnungen in Ihrem persönlichen Tagebuch sollten Sie unbedingt vornehmen...)

Sabine Mühlen

müssen Sie eben verstehen wie die Bilder im Chart. Neben den Schaubildern und Informationen sind somit folgende Fragen wichtig: Wie kommt ein Preis zustande und wann wird abgerechnet? Was bedeuten Angebot und Nachfrage und warum ist nicht alles immer logisch, was an der Börse passiert? Jeder Trader sollte also von der Pike auf begreifen, dass ein Chart die grafische Darstellung des historischen Orderbuchs ist. Sie sehen auch bei der Betrachtung im Rückspiegel nur das Ergebnis der Vergangenheit. Trader begehen oft den Fehler, sich nur an sehr kurzfristig orientierten Schaubildern zu orientieren, anstatt das „Große und Ganze" als gesamtes Werk der Marktanalyse zu sehen.

Bitte machen Sie sich die Aussage von einem Chart stets bewusst. Ein Diagramm oder eine Formation im Schaubild ist weder ein pures Wundermittel, noch sollten Sie die Signale im Chart bei Ihren Handlungen ignorieren. Vergessen Sie also Sätze wie:

„Jede Charttechnik ist zwingend notwendig"

„Ohne teures Tool, die den Chart deutet, komme ich nicht beim Trading klar"

oder:

„Ohne Chart-Analyse kann man keinesfalls Gewinne erzielen"

sowie:

„Charttechnik... alles purer Nonsens und Quatsch."

Die Wahrheit liegt wie, wie fast immer im Leben, in der goldenen Mitte. Damit Sie nun, im Anschluss vieler Fakten

rund um den Chart, die Charttechnik lernen dürfen, stelle ich Ihnen nun ein paar beliebte Formationen und Tools vor. Diese bieten eine sehr sinnvolle Grundlage dafür, eine funktionierende Trading Strategie zu entwickeln und die Formationen der Schaubilder richtig zu deuten.

Der Trendkanal

Einen Trend kennen wir nicht nur von der Mode. Wenn die Masse eine bestimmte Richtung gut findet, wird in einem Chart-Diagramm diese Richtung klar als Trend erkannt. Dabei werden in einem bestimmten Trendkanal die Kurse nach oben und unten gerichtet zu einer horizontalen Linie verbunden. Zeigt dieser Trend nach oben (im Chartdiagramm von links unten nach rechts oben) gibt einem diese Linie eine Richtung vor. Hier sollte man, in einem Trendkanal nach oben, tendenziell eher dem Kauf folgen oder im Sinne von Call agieren. Wird ein Trend von links oben nach rechts unten eingezeichnet, sollte man eher verkaufen oder mit Put auf fallende Kurse setzen. Jeder Trendkanal kann dem Trader die Signale aussenden, ob er allgemein short oder long ordern sollte. Ein Trendkanal verdeutlicht jedoch außerdem eine komplette Zone, in der sich der Kurs bewegt. Trader, die sehr schnell agieren, versuchen einen Trend so schnell wie möglich zu sehen und früher als die Masse zu ordern. Wer als Trendsetter und nicht als Trendfollower gilt, kann schneller als der Rest an der Börse agieren und nicht nur readie passenden Signale gieren, wenn der Trend am Markt längst schon viele Anleger die passenden

Sabine Mühlen

Signale aussendet und jeder mit dem Strom schwimmt.

Daran sieht man, wie schwer es ist, rechtzeitig alle Signale eines Trends zu erkennen und hierbei die größten Kurssprünge auszunutzen, um Gewinne zu realisieren. Fest steht allemal, dass Einsteiger am Markt Schritt für Schritt einem Trend folgen können und den Trendkanal dann nutzen, wenn sie das Chart-Diagramm richtig lesen können. Allerdings nimmt jeder Trend irgendwann einmal ein Ende und mutige Trader trauen sich, gegen den Strom zu schwimmen und in eine völlig andere Richtung zu handeln, als es der Trendkanal vorgibt.

Widerstände und Unterstützungen mit Handlungsempfehlungen
Ähnlich wie beim Trendkanal sind auch diese horizontalen Linien wichtige, visuelle Hilfestellungen in einem Chart. Diese Linien sind im Buch schon sehr vereinfacht dargestellt und gelten als sehr einfaches Signal, eine bestimmte Kurszone in ihrer Bewegung kennenzulernen. Wir kennen diese Darstellung auch von Wirtschaftsdiagrammen, die wir in der Tagespresse finden und die uns mit zusätzlichen Hinweisen versorgen. Wenn also zusätzlich zur Linie ein klares Signal für „Kauf" oder „Verkauf" eingezeichnet ist, ist diese Handlungsempfehlung ein deutlicher Hinweis dafür, wie der Trader agieren sollte. Wenn in den Linien klare Signale in den Farben rot oder grün visuell dargestellt werden, handelt es sich dabei um Bereiche, an denen der Kurs in der Vergangenheit nicht so einfach weitergekommen ist. Das wird als Widerstand oder Unterstützung gekennzeichnet. Wie der Name es schon

vermuten lässt, scheitern viele Kurse in ihrem Aufwärtstrend am Widerstand und diesen gilt es schwer zu überwinden. Ist dieser Widerstand jedoch durchbrochen, sind klare, weitere Tendenzen für einen steigenden Aufwärtstrend zu erkennen. In umgekehrter Form dient das Merkmal der Unterstützungslinie, die als „Auffangnetz" bei einem Abwärtstrend zu deuten ist. Wird dieser Widerstand nach unten durchbrochen, ist meist einer Kursbewegung nach unten nichts mehr entgegenzusetzen. Folglich verkaufen viele Trader in solchen Situationen und der Kurs kann dabei noch weiter nach unten rauschen oder es droht sogar ein Crash bei diesem Wert. Wenn klare Empfehlungen im Chart eingezeichnet sind, kann jede Linie als Widerstand oder Unterstützung noch leichter gedeutet werden.

Bollingbänder

Nachdem die gleitenden Durchschnitte und Trendkanäle hier im Buch dargestellt wurden, möchte ich nun noch die Bollingbänder vorstellen. Hierbei handelt es sich um eine Kombination aus dem wichtigen Indikator SMA (Simple Moving Average) und einer Standardabweichung davon. In dieser visuellen Darstellung sieht man sehr einfach den gleitenden Durchschnitt meist in einer bestimmten Farbe (zum Beispiel rot) in Begleitung von zwei Außenbänder in einer anderen Farbe (zum Beispiel grün).

Die Skalierung ist in jedem Chart frei wählbar, doch darauf kommt es nicht an. Es geht auch bei den Bändern darum,

Ausbrüche nach oben und unten zu erkennen. Sehr häufig wird der SMA in der Skalierung 200 gewählt. Für die beiden äußeren eingezeichneten Bänder nach Bollinger wird oft eine andere Farbe im Chart verwendet. Diese Bänder können als Schaubild dabei helfen, herauszufinden, wie weit eine Bewegung laufen wird. Da fast jeder Basiswert immer zwischen ruhigen und volatilen sowie mit trendigen Phasen abwechseln, werden sich manchmal die Bollingbänder hin und wieder zusammenziehen (ruhige Phase) und mal stark ausdehnen. Je ausgedehnter das Bollingband verläuft, desto volatiler ist der Markt.

Im Chart kann man sehr häufig einen Abwärts- oder Aufwärtstrend mit Hilfe von einem Bollingband erkennen. Wenn sich der Kurs vom SMA entfernt, deutet dies häufig auf eine klare Handlungsempfehlung wie kaufen oder verkaufen hin.

Bollingbänder sind vor allem in Kombination mit anderen Indikatoren und Linien im Chart sehr interessant und sollten stets nicht ausschließlich alleine betrachtet werden.

Gerade in Verbindung mit dem wichtigsten gleitenden Durchschnitt EMA, der bei Daytrading elementar von Bedeutung ist, sollten Sie die Bollingbänder durchaus ernst nehmen, die im Chart als solche visualisiert sind.

Sabine Mühlen

Die Fibonacci Retracements

Die Fibonacci Retracements tragen Ihren Namen nicht umsonst. Diese Bezeichnung stammt von einem berühmten Mathematiker mit dem Namen Fibonacci. Spannend ist, dass wir diese Bezeichnung als Zahlenfolgen von Fibonacci nicht nur im Trading finden, sondern auch in Natur, Architektur und in zahlreichen weiteren Bereichen. Doch in der Zusammensetzung des Begriffs finden Sie ebenso den englischen Begriff „Retracement". Dies wird in der Übersetzung als "Rücksetzer" beschrieben.

Somit darf dieses Tool also perfekt genutzt werden, um einen sogenannten „Rebound" im Markt zu signalisieren bzw. zu antizipieren.

Wie funktioniert diese Darstellung genau? Es wird dabei ein Chart gesucht, in dem ein relevante und stark ausbrechender Aufwärts- oder Abwärtstrend zu sehen ist. Außerdem sollte bereits eine leichte Phase der Korrektur bzw. Erholung im Chart zu erkennen sein (als Gegenbewegung). Nun geht es darum, dass man sehen will, wie weit diese Korrektur wohl noch weiterlaufen wird. Im Anschluss ist es die große Kunst, den perfekten Einstig für Trader zu finden. Um idealerweise vorauszusehen, wie weit die Korrektur noch verlaufen wird, zeichnet der Analytiker uns verschiedene Level als in den Chart. Eine moderne Chartsoftware wie der Metatrader kennzeichnet diese Signale automatisch, so dass der Trader sofort weiß, wie

er reagieren muss.

Es geht bei diesem Signal nicht darum, wie bei zahlreichen anderen Indikatoren ebenso, immer perfekt zu sein. Wer mit kleinen Gewinnen zufrieden ist und die Tendenzen für sich zum Vorteil nutzt, kann schon recht ordentlich beim Daytrading verdienen. Genau das ist das Ziel für jeden Einsteiger ins Daytrading.

Die Kerzenchats als Markenzeichen

Kerzencharts oder reine Liniencharts machen die Darstellung in einem Chart aus. Die Kerzen habe ich ihnen schon in einfachen Worten im Buch zu Beginn vorgestellt. Warum jedoch sind Kerzencharts vor allem für den Trader wichtig und bringen sehr viele Vorteile in Sachen Scalping und Swingtrading mit sich? Anhand der Kerzenformation mit Bandbreiten und Farben kann man viele Informationen über Trends und Volumen ablesen. Das wiederum wird so manchem Trader bei seiner Entscheidung für oder gegen einen Trade erheblich helfen.

Es gibt außerdem ca. 7 Muster einzelner Kerzen, die sich sehr unterschiedlich deuten lassen. Ein Kerzenchart zum Beispiel bringt die Bezeichnung „der Hammer" mit sich. Dennoch soll hier im Buch nur darauf hingewiesen werden, dass man die Schaubilder von Kerzenchats in vielen Tools ernst nehmen sollte. Tradingkerzen richtig zu interpretieren ist nicht schwer. Die ganze Kerze zeigt den Höchst- und Tiefstkurs des Tages an

Sabine Mühlen

Außerdem kann die Kerze mit der Farbe, mit der sie ausgemalt ist (rot oder grün) aufzeigen, ob wir eher einen Kaufkurs-Tag (grün) oder einen Tag vom Verkauf (rot) erlebten. Doch auch jede Kerze signalisiert nur die Betrachtung des vergangenen Börsentages. Hier die richtigen Schlüsse für die Zukunft zu deuten – das ist die Kunst von jedem Trader.

Resümee dieses Kapitels

Mit allen Formationen und Indikatoren, die im Chart eingezeichnet sind, konnen Sie Hinweise erhalten, bei welchen Trades Sie Geld verdienen können. Allerdings sind die Rückschlüsse aufgrund der Vergangenheit keine Garantie für den Kursverlauf der Zukunft. Dennoch basieren viele computergestützter Programme genau auf den Diagrammen des Charts und reagieren automatisch auf Widerstandslinien und Co. Aus diesem Grunde ist die technische Analyse elementar wichtig für jeden Daytrader, da viele automatisierte Programme genau nach diesem Muster handeln. Egal, wie sehr man Charts auch vertraut oder nicht: Die meisten Teilnehmer am Markt kennen die Charts und die Signale daraus und handeln genau nach diesem Muster. Da die Bewegungen am Markt vor allem durch Angebot und Nachfrage gesteuert werden, dürfen Sie all die Chart-Signale und Formationen somit auf keinen Falle ignorieren. Nur so stehen die Chancen gut, dass Sie auch bei kleinen Einsätzen an der Börse Geld verdienen können. Dennoch gilt auch beim Daytrading folgender Grundsatz beim Thema Chart.

Sabine Mühlen

Wenn die Vermögensvermehrung so einfach wäre, müsste kein Börsen-Guru sich stets aufs Neue mit allen Gegebenheiten, die den Markt beeinflussen, permanent wieder auseinandersetzten. Das macht Daytrading zwar ein wenig kompliziert, aber auch sehr sehr spannend und beeindruckend...

Sabine Mühlen

VIII. Rund um die Order beim Daytrading

Nun habe ich Ihnen schon viele wichtige Fakten vorgestellt, die Sie zum Thema Daytrading umsetzen sollten. Es ist immer bedeutsam, dass Sie sich von den fundamentalen Daten rund um den Basiswert, den Sie einkaufen, überzeugen lassen, bevor Sie sich auf Rohstoffe, Edelmetalle, Aktien oder Devisen, die an der Forex gehandelt werden, einlassen. Doch, es ist wie immer im Leben: Befragt man viele Wertpapier-Gurus und Finanz-Experten nach ihrer Meinung, hört man nicht selten ein großes Facettenreichtum von absolut unterschiedlichen Fakten, die alle auf ihre einzigartige Weise auch begründet werden. Information ist wichtig - keine Frage. Letztendlich jedoch zählt alleine das, was Sie selbst über einen Basiswert denken. Ohnehin empfehle ich Ihnen, sich nur auf seriöse Informationsquellen einzulassen und der Wirtschaftspresse zu vertrauen, denen gute Recherchen vorausgehen. In der Summe zählt das, was Sie über ein Edelmetall wie Gold und Silber persönlich denken und recherchieren. Gute Quellen wie das Handelsblatt oder die WirtschaftsWoche sind hierbei besser als zahlreiche Revolverblätter, die wir auch online finden. Stehen Sie hinter dem Aktienwert, den Sie beim Daytrading ordern möchten.

Agieren Sie niemals zu schnell an der Börse, denn fundierte Informationen sind das A und O, auf die richtigen Werte zu setzen. Auch mit der technischen Analyse ist es so eine Sache: Charts sagen zwar sehr viel aus über den weiteren Verlauf eines Wertpapiers, dennoch sollten Sie auf keinen Fall nur auf die

Sabine Mühlen

Hinweise und Diagramme oder Formationen des Charts wie der Wimpel, das Dreieck, der Stochastik oder diversen Kerzen- und Linienchart vertrauen. Hier im Buch sind ohnehin nur ein paar wichtige Grundlagen vorgestellt, die die fundamentale und technische Analyse ausmachen. Des Weiteren gibt es qualifizierten Experten und einen extra darauf ausgelegten Beruf, der sich nur mit der Recherche von Fakten rund um einen Basiswert beschäftigt. Diese Profis sind von Investmenthäusern angestellt und kümmern sich den ganzen Tag um nichts anderes, als aufgrund der Vergangenheit Zukunftsprognosen zu treffen.

Und dann kommt alles doch ganz anders? Ja – das hat die Vergangenheit oft genug gezeigt. Auch dann, wenn die Chancen rund um die Börse gut stehen, dann sind unvorhergesehene Krisen oder politische Auseinandersetzungen wie Neuwahlen oder der Ausbruch einer Epidemie oft Auslöser für einen Crash, von dem sich der Markt nur langsam wieder erholen kann. Natürlich sind viele Krisen stets eine Chance, damit man wieder auf Dauer Kurssteigerungen wahrnimmt und von ihnen profitiert. Soviel jedoch sei gesagt: Der Verfall an der Börse findet oft in einem rasanten Tempo statt. So halbieren sich Kurse durch schwerwiegende Wirtschaftskrisen wie die Finanzmarkt-Krise oder auch die Ölkrise, die 1973 die Welt beschäftigte, innerhalb kurzer Zeit von einem oder zwei Jahren. Bis die Erholung nachhaltig wieder für eine Glättung im Vermögen sorgt, dauert dies nicht selten ein ganzes Jahrzehnt. Sie sehen

Sabine Mühlen

also: Nichts ist Gewiss rund um die Börse: Egal, ob es um das Betongold, die Immobilien, geht oder ob das schwarze Gold, unser so wichtiges Rohöl, als Geldwert der Anlage betrachtet wird: die Zukunft steht immer in den Sternen. So kann auch ich Ihnen keinen genauen Finanztipp im Detail geben, der Sie auf Dauer zum Millionär machen wird.

Sie sind jetzt frustriert und trauen sich nun doch nicht ans Daytrading heran?

Keine Sorge – wenn Sie all die Grundlagen beachten und mit kleinen Summen in überschaubare Risiken einsteigen, steht dem Spaß und dem Anlageerfolg nichts mehr entgegen. So können auch Sie den niedrigen Zinsen, die schon lange am Markt vorherrschen, ein Schnippchen schlagen. Informieren Sie sich gut und benutzen Sie hierfür seriöse Tools und Quellen. Achten Sie auf Ihren Verstand und vertrauen Sie dennoch Ihrem Bauchgefühl. Lernen Sie im Demodepot viele Grundlagen kennen, die Ihnen eines schenken, was rund ums Wertpapiergeschäft so unsagbar wichtig ist: Erfahrung.

Sind nun all diese Regeln beachtet und Sie besitzen das technische Equipment und die App auf dem Smartphone, mit der Sie zurechtkommen, wenn Sie ordern, dann kann es auch schon losgehen.

Allerdings möchte ich Sie nochmals darauf hinweisen, dass alle Transaktionskosten im Vorfeld der Depoteröffnung unbedingt zu

Sabine Mühlen

vergleichen sind. Sie schmälern Ihre Netto-Rendite und Ihren Gewinn rund um die Wertpapiere. Um sich nur zusätzlich vor bösen Kursüberraschungen zu schützen, sollten Sie wissen, dass Sie jeder Order im Wertpapiergeschäft auch mit einer Absicherung versehen können. Hierbei ist es sehr einfach, mit Limitierungen oder Stopp Loss-Ordern zu arbeiten, gerade dann, wenn Sie das Smartphone nicht nur um die Uhr in der Hand tragen können oder permanent am Bildschirm sitzen, um die Realtime-Kurse zu verfolgen. Weil auch ein absoluter Profi keinesfalls immer sofort richtig reagieren kann, gibt es also bestimmte Preislimits, die Sie bei der Ordererfassung eingeben dürfen. Das ist für Sie Grundlagen-Wissen rund um die Aktien und Co? Umso besser. Dann dürfen Sie diesen Punkt einfach schnell überfliegen. Dennoch will ich dem Einsteiger ins Daytrading diese wichtigen Fakten, die zur Absicherung des eigenen Vermögens dienen, kurz erklären:

Limitierung und Order – was bedeuten diese Begriffe rund um das Trading?

Die meisten Menschen erfassen Ihre Order selbst im Netz. Was vor vielen Jahren noch ein Banker für seine Kunden erledigte, macht heute jeder Anleger selbst online, der Geld und hohe Beratungskosten sparen möchte. Erfassen Sie also Ihre Order so, wie es Ihnen das jeweilige Programm der von Ihnen ausgewählten Bank vorgibt. Eines muss Ihnen jedoch in vollem Bewusstsein klar sein, wenn Sie ordern: Ist der Wert an der

Sabine Mühlen

Börse gekauft oder verkauft, gibt es kein Zurück mehr. Es ist wie beim Markthandel am Gemüsestand: Haben Sie einen Apfel oder eine Birne gekauft und diese verzehrt, ist das Geschäft gemacht. Das fatale am Wertpapiergeschäft ist, dass sich auf der Gegenseite ein Käufer vergleichen sind. Sie schmälern Ihre Netto-Rendite und Ihren Gewinn rund um die Wertpapiere. Um sich nur zusätzlich vor bösen Kursüberraschungen zu schützen, sollten Sie wissen, dass Sie jeder Order im Wertpapiergeschäft auch mit einer Absicherung versehen können. Hierbei ist es sehr einfach, mit Limitierungen oder Stopp Loss-Ordern zu arbeiten, gerade dann, wenn Sie das Smartphone nicht nur um die Uhr in der Hand tragen können oder permanent am Bildschirm sitzen, um die Realtime-Kurse zu verfolgen. Weil auch ein absoluter Profi keinesfalls immer sofort richtig reagieren kann, gibt es also bestimmte Preislimits, die Sie bei der Ordererfassung eingeben dürfen. Das ist für Sie Grundlagen-Wissen rund um die Aktien und Co? Umso besser. Dann dürfen Sie diesen Punkt einfach schnell überfliegen. Dennoch will ich dem Einsteiger ins Daytrading diese wichtigen Fakten, die zur Absicherung des eigenen Vermögens dienen, kurz erklären:

Limitierung und Order – was bedeuten diese Begriffe rund um das Trading?

Die meisten Menschen erfassen Ihre Order selbst im Netz. Was vor vielen Jahren noch ein Banker für seine Kunden erledigte, macht heute jeder Anleger selbst online, der Geld und hohe Beratungskosten sparen möchte. Erfassen Sie also Ihre Order

so, wie es Ihnen das jeweilige Programm der von Ihnen ausgewählten Bank vorgibt. Eines muss Ihnen jedoch in vollem Bewusstsein klar sein, wenn Sie ordern: Ist der Wert an der Börse gekauft oder verkauft, gibt es kein Zurück mehr. Es ist wie beim Markthandel am Gemüsestand: Haben Sie einen Apfel oder eine Birne gekauft und diese verzehrt, ist das Geschäft gemacht. Das fatale am Wertpapiergeschäft ist, dass sich auf der Gegenseite ein Käufer befindet, wenn Sie verkaufen und umgekehrt. Preis gegen Ware – und abgeschlossen ist der Handel. Genau deshalb sollten Sie nur absolut konzentriert Ihre Order erfassen, wenn Sie traden. Vergleichen Sie vor dem „Go" wirklich alle Daten, Summen, Stückzahlen und Co ganz genau, bevor Sie die Order vom Programm ausführen lassen.

Selektieren Sie genau alle Werte, die Sie absolut richtig erfassen. Doch nun geht es um die zusätzliche Option, bei jeder Order ein Limit oder eine Stopp Loss-Marke zu erfassen. Dies schützt Sie vor Kursüberraschungen und gerade bei stark gehebelten Geschäften, die ohnehin das Risiko einer Order vervielfachen, ist dieses Kriterium sehr wichtig, wenn es ums Thema Sicherheit geht.

Warum? Wenn Sie ganz ohne Limit verkaufen oder kaufen möchten, wird an jeder Börse wie Xetra am Markt der Forex genau zu diesem Kurs abgerechnet, zu dem der Gegenspieler den von Ihnen georderten Wert ebenfalls kaufen oder verkaufen will. Der Käufer kauft billigst ein, der Verkäufer erreicht seinen Kurs mit dem Zusatz bestens. Kein Mensch kann ohne Erfassung

eines Kurslimits im Vorfeld sehen oder bestimmen, zu welchem Kurs genau im Anschluss abgerechnet wird.

Nun kommt das Limit ins Spiel, das sich nicht nur bei Devisen oder Order mit den Blue Chips wie Lufthansa, Deutsche Bank, Microsoft oder Nestle lohnt. Sie erfassen beim Kauf im Vorfeld, welchen Preis Sie für diesen Wert bezahlen möchten. Kommt dieser Preis als Kurs nicht zustande, kaufen Sie das Papier folglich nicht.

Ein Beispiel:

Der Kurs der sehr volatilen XY-Aktie schwankt stets zwischen 57 Euro und 63 Euro. Sie wären bereit, 60 Euro für die XY-Aktie zu bezahlen, jedoch keinen Cent mehr. Sie erfassen Ihre Kauforder mit dem Limit von 60 Euro, das sogar bis zum Monatsultimo gelten kann, was beim Daytrader meist jedoch keine große Rolle spielt. Kommt ein Kurs von 60 oder darunter zustande, sind Sie Besitzer dieses Wertpapiers. Erreicht der Kurs nur Werte über 60 Euro, kaufen Sie das Papier eben nicht ein und gehen mit der Order ins Leere. Sollten Sie nur ein Tageslimit setzen als Trader, sind Sie am Ende des Tages entweder Besitzer eines Wertpapiers zum Kauf von 60 Euro oder darunter oder Sie sind damit zufrieden, das Papier eben nicht zu kaufen, weil es Ihnen zu teuer erscheint.
Reine Billigst-Käufe bergen ein erhöhtes Risiko in sich, dass gerade private Anleger, die mit relativ kleinen Volumen am Markt agieren, zu jedem x-beliebigen Preis das Wertpapier

Sabine Mühlen

kaufen oder verkaufen. Deshalb sollten Sie am Markt ordern wie die Profis: Arbeiten Sie mit Limits, gerade wenn Sie als Trader unterwegs sind. So können Sie Turbulenzen rund um einen Wert von Anfang an so für sich nutzen, dass Sie nicht böse überrascht werden. Besonders sehr volatile Marktzeiten, die Sie zum Kauf oder zum Verkauf beim Trading nutzen möchten, sollten Sie stets mit einer limitierten Order verstehen. Auch beim Verkauf ist der Kurs von bestens nicht auch immer der beste Kurs, zu dem am Schluss für Sie abgerechnet wird. Sagen Sie von Anfang an, welche Mindestsumme Sie erzielen möchten, wenn Sie Ihr Wertpapier verkaufen. Ähnlich wie beim Kauf können Sie bei einem Index so keine für Sie schlechten Kurse hinnehmen, die Sie letztendlich viel Geld kosten. Sagen Sie von Anfang an, mit welchem Preis Sie zufrieden sind und erfassen Sie dies in Ihrer Online-Order. So ist der Gewinn am Ende auch wirklich so, wie Sie sich diesen vorgestellt haben. Bleiben Sie aber bei den gewählten Limitierungen realistisch und gehen Sie davon aus, dass bei unrealistisch gewählten Kursen Ihre Order ins Leere läuft. Welche Informationsquellen helfen Ihnen dabei, sich ein klares Limit zu setzen, das gute Chancen auf Ausführung in sich birgt? Sie sehen die genau richtige Tendenz stets an den Umsätzen, die in den letzten Stunden abgerechnet wurden. Auch das gehandelte Volumen ist entscheidend, damit Sie bei Erfassung Ihrer Order wissen, ob Sie kaufen oder verkaufen können. Selektierten Sie im Vorfeld Ihre Limitierung genau, um sich vor bösen Kursüberraschungen zu schützen.

Sabine Mühlen

Was die Stopp Loss-Order, die ebenso ein Schutzschild für den Trader darstellen kann?

Auch die Stopp Loss-Order kann Sie absichern. Allerdings geht es hier um ein Fangnetz, das nach unten zu Ihrem Schutze in Sachen Verluste aufgespannt wird. Auch hier können Sie sich vor allem in sehr turbulenten Zeiten schützen, dass Sie bei einem rasanten Kursrutsch nach unten nicht jeden Verlust mitnehmen und im Vorfeld schon aussteigen. Vor allem dann, wenn es sich um sehr volatile Aktien mit einer großen Flut an Tagesnachrichten geht, kann ein Preis von einem Wert sehr stark nach unten ausbrechen. Bei einer erfassten Stopp Loss sind Sie bereit, das Papier zu einem bestimmten Kurs abzustoßen, um sich vor weiteren Verlusten zu schützen.

Ein Beispiel für dieses Fangnetz:

Sie unterhalten in Ihrem Depot als Tader die K-Aktie im Wert von 50 Euro je Aktie. Sie befürchten aufgrund sehr negativer Tagespresse, dass dieser Wert nun stark abfallen wird. Gerade bei Aktiengesellschaften wie Deutsche Bank, Deutsche Telekom oder auch Automobile wie BMW haben wir genau das nicht selten in der Vergangenheit erlebt. Überlegen Sie sich nun, um sich selbst vor ungeliebten Verlusten zu schützen, mit welchem Wert Sie zufrieden wären, wenn Sie diesen für den Verkauf erzielen würden. Erfassen Sie nun eine Stopp Loss-Marke von z.B. 48 Euro, damit Sie das Papier noch rechtzeitig vor dem

Sabine Mühlen

„großen Run nach unten" verkauft wird. So schützen Sie sich auch hier, ohne permanent am Markt tätig sein zu müssen, vor bösen Kursüberraschungen, die Ihnen später vielleicht Ärger verursachen.

Die Stopp Loss-Order führen viele Menschen dann aus, wenn Sie ein paar Nächte ruhig schlafen möchten und sich nicht immer nur um Kurse, Charts und Zahlen im Rahmen ihres Depots beschäftigen möchten. Doch auch beim Daytrading kann diese Strategie Ihnen auch einmal eine „Verschnaufpause" schenken, gerade wenn Sie nicht am gleichen Tag eine Position geschlossen haben.

Allerdings ist es immer wichtig, auch die Gebühren für die zusätzliche Option bei Limit-Erteilung und Stopp Loss im Vorfeld abzuklären. Nicht alle Online-Anbieter ermöglichen diese Option gratis und es kommt ohnehin darauf an, wie hoch das Volumen Ihres Auftrages ist, welche Transaktionskosten für Sie entstehen können. Insofern zählt auch in diesem Falle: Informieren Sie sich genau, mit welchen Tools sie preisgünstig Ordern können und die Limit-Erfassung leicht möglich ist.

Somit fasse ich es nochmals zusammen:

Welche Fragen sollten Sie sich im Rahmen jeder Order-Erteilung stellen und für sich beantworten, bevor Sie Ihren Auftrag in der Technik erfassen?

Sabine Mühlen

Limit bei Kauf:

-Welchen Preis bin ich maximal bereit für den Wert zu bezahlen?

Limit bei Verkauf:

-Welchen Preis will ich mindestens erzielen, wenn ich das Wertpapier verkaufe?

Bei Stopp Loss:

-Zu welchem Preis wäre ich zufrieden, das mein im Depot befindliches Wertpapier abgestoßen wird?

-Welchen Preis will ich erzielen, damit ich den Basiswert verkaufe und zu Bargeld machen kann?

Stopp Loss-Order gibt es nur zur Absicherung von bestehenden Werten im Depot. Deshalb kann diese Art der Absicherung nur beim Verkauf in der Order erfasst werden.

Tipp:

Nach meiner Ansicht macht es auch beim Trader großen Sinn, mit Limits und Stopp Loss am Markt zu agieren. Gerade bei einem hohen Leverage (Hebel), mit dem Sie ein Geschäft stark im Risiko gesteigert haben, geht es schließlich nicht selten um viel Geld. Wenn Sie dieses Risiko noch erhöhen, indem Sie zu jedem x-beliebigen Preis billigst kaufen und bestens verkaufen,

Sabine Mühlen

können Sie böse Kursüberraschungen erleben, die Sie am Ende bitter bereuen könnten. Wenn Sie sich also als Neuling an den Markt herantasten, seinen Sie bitte vorsichtig, um langsam Spaß am Daytrading zu verinnerlichen. Sie selbst wählen das Schutzschild oder das Fangnetz aus, das Sie bei Ihrer Order erfassen können. Erfassen Sie also Limits und Stopp Loss-Marken!

Sie sehen: Die Basics rund um Wertpapiere, das nötige Equipment, viele Informationsquellen und vieles mehr sind wichtig, damit Sie beim Daytrading Erfolge generieren können. Step by Step können auch Sie sich dabei langsam und mit System an den Markt herantasten.

„Wer nichts waget, der darf nichts hoffen."
-Zitat von Friedrich Schiller -

Sabine Mühlen

IX. 7 wichtige Techniken, um böse Anfängerfehler zu vermeiden

Wenn Sie sich über diverse Strategien, die Erfolg versprechen, den Kopf zerbrechen oder zu diesem Thema tiefes Wissen erwerben möchten, finden Sie sehr viele Techniken. Es beginnt beimScalping, der Momentum-Strategie, dem Kontra-Trend, dem Pivot-Punkte-Trading und ist mit demautomatisierten Handel noch längst nicht am Ende angekommen. Sie finden im Netz zahlreiche Anbieter, die Ihnen Analysewerkzeuge auf hohem Niveau oder teure Coachings verkaufen möchten. Fakt ist allemal, dass im Durchschnitt nach aktuellen Statistiken sage und schreibe ca. 76.4 % der CFD-Kleinanleger verlieren. Ich habe Ihnen dies schon am Anfang des Buches ein wenig verdeutlicht, dass gerade dann, wenn Sie in die Forex einsteigen und sich nicht vorsichtig an den Markt rund ums Daytrading herantasten, die Chancen auf Verluste größer sind als sich den Traum von Millionär zu verwirklichen. Gerade Banken und Finanzanbieter werben mit günstigen Tools im Netz, die sich für den Einsteiger sehr gut anbieten sollen. Chart-Tools kosten Geld und sollen der Vermögensoptimierung dienen.

Außerdem werben viele Finanzanbieter mit Tipps für Anfänger, die man sich bei teuren Trainings online selbst beibringen kann und ein großer Broker oder wahrer Finanzexperte am Anfang dem Daytrader unter die Arme greift, damit er sein Vermögen schnell mehren kann. Natürlich steht es mir in diesem Buch nicht zu, Dinge zu bewerten. Jeder muss selbst entscheiden, ob

Sabine Mühlen

er mit einem gutem Buch ein Grundlagenwissen erwerben kann, das ihm eine gute Stütze gibt, sich selbst in den Markt einzukaufen. Nach meiner Ansicht sind Sie bei einem Demokonto sehr gut positioniert, das für Übungszwecke hervorragend geeignet ist. Hier finden Sie sehr schnell heraus, ob Ihnen Scalping zu anstrengend erscheint, da Sie hier sehr schnell handeln müssen und ob Sie wirklich jede Minute permanent online die Kurse verfolgen möchten. Scalping ist mit die anstrengendste Art beim Trading. Mit dem Swingtrading hingegen schenken Sie sich selbst ein wenig mehr Zeit als Spielraum, in der Sie die richtigen Entscheidungen treffen können.

Hier stelle ich Ihnen nun die wichtigsten Regeln und Strategien zusammen, mit denen Sie sich ans Daytrading herantasten können. Wichtig ist: Wenn Sie all diese Methoden in sich beherzigen und sich auch Zeit für die Umsetzung der ersten Trades nehmen, vermeiden Sie automatisch die bösen Anfängerfehler, die so manchem Bürger oft finanziell das Genick brechen.

Freuen Sie sich auf die „7 goldenen Regeln zum richtigen Daytrading"!

Sabine Mühlen

1. Halten Sie es einfach

Gerade Einsteiger denken, Sie müssen in Sachen Charttechnik jetzt sofort jedes Detail verstehen und es einem beruflichen Analytiker gleichtun. Manche Neulinge denken sich, dass sie einen Super-Indikator finden und sie das Rad neu erfinden müssten, damit sie sich ausschließlich Gewinne sichern können. Wer also denkt, er wäre schlauer als der Rest der Welt, indem ein eine ganz neue Technik erfindet, am Wertpapiermarkt aktiv zu werden, sollte wissen: Das ist die pure Zeitverschwendung. Genau aus diesem Grunde sind auch in diesem Ratgeber nur die wichtigsten Indikatoren in Sachen Charttechnik vorgestellt. Ganz nach dem Motto „keep ist soft and shortly" sind meist die simpelsten Indikatoren die vielversprechendsten und die, die jeder versteht. Ich bleibe bei meiner bodenständigen Meinung: Nur das, was Menschen verstehen und nachvollziehen können, das sollten sie auch kaufen. Gerade dann, wenn es um Ihr hart verdientes Geld geht, sollten Sie mit greifbaren, einfachen Indikatoren beginnen, um sich in den Markt einzufühlen. Dabei zählen zum einen ein gleitender Durchschnitt und zum anderen einfache Unterstützungs- und Widerstandslinien zu den klaren Botschaften, die jeder gratis aus dem Netz ziehen kann. Als gleitenden Durchschnitt können Sie zum Beispiel einen SMA (Simple Moving Average) oder einen EMA (Exponential Moving Average wählen, der in jeder guten Software zu finden ist. Beide dieser Chart-Indikatoren ermöglichen Ihnen sehr schnell, Ihre Trades für den Ein- und Ausstieg zu optimieren. Hierbei

erkennen Sie sehr schnell Zonen im Chart, die für einen Trendwechsel oder einen Ausbruch nach oben oder unten sorgen können. Sie brauchen also in der Regel nicht alle technischen Details rund um die Vola, der Kopf-Schulter-Formation oder der W-Formation im Chart verstehen, damit Sie mit einem einfachen Werkzeugkasten mit dem Trading beginnen können. Gerade die Durchschnittslinien sind auch die besten Signale für viele professionelle Broker und Manager von Hedgefonds.

2. Entscheiden Sie sich für die richtige Assetklasse

Sobald Sie wissen, welche Strategie Sie verfolgen möchten (Scalping, klassisches Daytrading oder Swingtrading) sollten Sie darüber nachdenken, welchen Markt Sie ihr Vertrauen bzw. Ihr Geld schenken. Auch hierbei dürfen Sie sich zuerst in einem Demokonto testen und sich überlegen, welche Methode und Assetklasse zu Ihnen passt. Wie schon erwähnt, sollten Sie zu Beginn von derForex mit den Devisen die Finger lassen. Dieser Markt ist sehr schwer zu durchschauen und selbst wahre Devisenprofis setzen hier nicht selten auf das absolut falsche Pferd. Versuchen Sie Ihr Glück im Rohstoff- oder im Aktienmarkt. Analysieren Sie den Wert, hören Sie sich die Wirtschaftspresse darüber an und schreiben Sie sich jetzt, wo Sie sich gut informiert führen, ein Trading Setup auf. Worum geht es hierbei? Dabei ist es möglich, ein Regelwerk zu erstellen, das zu Ihnen persönlich passt. Sie sollten beim

Sabine Mühlen

Setup mindestens folgende Fragen beantwortet wissen, wenn Sie sich am besten jetzt schon stimmige Notizen machen:

- Welche Basiswerte möchte ich handeln und welche Finanzinstrument passen zu mir?

- Welche Informationen benötige ich, damit ich alle wichtigen Kriterien abwägen kann, die für meine Entscheidung wichtig sind?

-

Hierzu zählen bestimmte Chartformationen,Fundamentaldaten über die Aktie, den Rohstoff oder einen anderen Einzelwert sowie die allgemeinen Nachrichten der guten Wirtschaftspresse.

- Wann genau möchten Sie nicht traden und zu welchen Bedingungen möchten Sie einen Wert ordern?

- Wann ist es der richtige Zeitpunkt einen Trade zu beenden, sprich, zu schließen? Neben der manuell Entscheidung dienen Limits oder Stop Loss-Marken als wichtige Unterstützung, die die Entscheidung erleichtern.

- Was wäre das Worts-Case-Szenario das heißt, mit welchen Verlustrisiko können Sie leben?

Sabine Mühlen

- Welchen Gewinn in Euro erwarten Sie nach einem bestimmten Zeitraum und welchen Wunsch möchten Sie sich ggf. im Anschluss mit dem Geld des Gewinns erfüllen?

- Welche Zeiteinheit an Informationen dienen der Unterstützung Ihrer Idee des Handelns? Hier können ein 5-Min-Chart, ein Stunden-Chart oder ein langfristiger Chart eine gute Basis liefern. Das hängt natürlich vom Trading-Stil ab, denn eines steht fest: Je mehr Sie sehr kurzfristig im Sinne von Scalping denken, desto kurzfristiger ausgerichtet sind auch Ihre Informationsquellen.

- Welche Risikoparameter möchten Sie wählen und wie wollen Sie das Risiko ggf. zusätzlich hebeln? Hierzu gehört es mit dazu, die Positionsgröße und den Leverage zum richtigen Hebel im Vorfeld in Ihre Aufzeichnungen schreiben.

Jetzt gilt es in diesem Kapitel noch eindeutig klarzustellen, dass Ihr Setup zu Ihnen passen muss. Sie selbst sind Ihres Glückes bzw. dem Verlauf Ihres Vermögens eigener Schmid. Deshalb will ich nun nochmals wiederholen, wie Sie nach dem Motto „Learning by Doing" ein Gespür für den Markt finden können: Testen, analysieren und optimieren Sie all Ihre Ideen auf einem Demokonto. Das kostet Zeit und stellt sicher auch eine kleine oder große Herausforderung für den ein oder anderen von Ihnen dar. Doch dieser Aufwand lohnt sich. Denn wer erst mit

- Spielgeld ein wenig üben kann, wird seine Chancen erhöhen, auch im echten Leben von diesem Erfahrungsschatz zu profitieren und „echtes Geld" an den Märkten zu verdienen.

3.   Traden Sie nur selten!

Sie haben richtig gehört – Sie sollen nicht rund um die Uhr traden? Ja – denn vor allem der Anfänger sollte nur selten traden. Für Trader, die sich langsam an ihr gestecktes Tradingziel heranwagen, heißt es: Weniger ist mehr.

Bekommen Sie ein Gespür für den Markt, setzen Sie nicht jeden Euro sofort auf einen einzigen Wert und tasten Sie sich langsam an Ihr Tradingziel heran. Weniger zu traden ist oft besser als zu viel zu traden und sich vielleicht dabei selbst zu verzetteln. Dies stellt eine gesunde, bodenständige Form Ihrer persönlichen Risiko-Kontrolle dar.

Was hilft noch dabei, die Gefühle unter Kontrolle zu behalten und nicht aus emotionalen Impulsen heraus zu ordern?

Nicht nur rund um die Uhr zu ordern heißt auch, dass Sie Zeit dafür haben, aus Ihren Erlebnissen und den Trades zu lernen. Nur so erkennen und erlernen Sie mit System, Sinn und Verstand, was wichtig ist. Manchmal ist einfach weniger mehr. Warum ist es nicht sinnvoll, dutzende Trades in aufgeregtem Zustand einzugehen und dadurch innerlich sehr angespannt am Computer zu sitzen? Es ist wissenschaftlich mehrfach erforscht.

Sabine Mühlen

Zu starke Emotionen beeinflussen die Urteilskraft bei der Analyse. Wenn Ihre Gefühle von den Worten wie Angst und Gier befeuert werden, treffen die meisten Anleger Fehlentscheidungen. Tiefe Emotionen gehören nicht in die Entscheidungsfindung, wenn es ums Geld geht. Traden Sie also selten und sind Sie nicht zu oft im Scalping unterwegs.

Hier sind noch drei weitere Grundregeln, die ich Ihnen jetzt dringend ans Herz legen, damit Sie in Sachen Einsteiger beim Daytrading möglichst nicht zur Mehrzahl der Menschen gehören, die Verluste einfahren und irgendwann frustriert

aus dem gesamten Markt rund um die Wertpapiere aussteigen:

1.   Handeln Sie in größeren Zeitrahmen. Das heißt auch, im Swingtrading nicht unbedingt immer am gleichen Tag in der Verpflichtung zu stehen, jeden Trade sofort wieder zu schließen

2.   Verwenden Sie 5-Minuten-Charts oder den Chart von einer Stunde bzw. einen noch längere Zeitrahmen, als sich am Anfang nur auf den 5-Sekunden-Chart zu fokussieren.

3.   Gehen Sie sorgsam und selektiv vor und gehen Sie einen Trade ein, der Ihnen Spaß macht und in den Sie nur eine überschaubare Summe investieren.

4.   Folgen Sie dem Trend

Daytrader prahlen gerne damit, dass Sie die Helden der Nation wären, weil sie das Hoch oder Tief des Tages perfekt zu ihrem Vorteil genutzt hätten. Doch – selbst wenn dies vereinzelt sogar der Fall sein kann: Kein Mensch, auch der größte Anlageprofi, findet bei jedem Geschäft die besten Höchst- und Tiefstkurse, damit er die beste Spanne für sich persönlich nutzt.

Heldentum und tiefe Versagensangst liegen beim Spiel sehr eng beisammen. Da jedoch der Hochmut bekanntlich kurz vor dem Fall kommt, wird der Held schnell zum Versager und traut sich gar nicht mehr, am Markt zu agieren. Angst, Panik oder Gier und Großmut jedoch sind keine Emotionen für die Börse. Beim richtigen Feeling für den Markt geht es nicht um einen Schwall der Gefühle, sondern darum, Geld zu verdienen – und das möglichst ohne großen nervlichen Strapazen.

 Merken Sie sich jedoch vor allem einen Satz:

Beim Trading geht es nicht um Helden oder Versager. Bei einer sinnvollen Trading-Struktur geht es um die Vermögensvermehrung und vor allem um Geduld und Beharrlichkeit.Ein Trend-Trader muss Geduld aufbringen und warten, bis sich die richtigen Chancen für ihn am Markt auftun. Er sollte warten können, bis sich eine Branche erholt und vor allem eines: Nicht mit jedem über seine Geschäfte plaudern. Stille Wasser sind tief...Freuen Sie sich also ganz allein über

Sabine Mühlen

über Ihre Gewinne oder teilen Sie sich allenfalls sehr vertrauten Personen mit.

Wie heißt der bekannte Spruch aus dem Volksmund?
„Wer angibt, hat es nötig!"

5.   Nehmen Sie sich Ziele vor, die Sie dann auch konsequent umsetzen!

Dies ist mit eine der wichtigsten Regeln für den Trader, die jeder Spekulant tief in sich beherzigen sollte:

Nehmen Sie sich Gewinnziele vor und setzen Sie von Anfang an Verluststopps.

Die meisten Anfänger begehen den Fehler, dass Sie sich selbst zu stark von den Emotionen beeinflussen lassen, wenn sie vor dem Bildschirm sitzen und von roten oder grünen Zahlen beeindruckt sind. Nach dem Motto „da geht doch noch mehr – ich steige jetzt noch längst nicht aus" oder „jetzt ist sowieso schon alles egal, ich halte jetzt den Wert, der stark in den Keller abgedriftet ist!" werden alle gesteckten Ziele über Bord geworfen. So nehmen viele Einsteiger ständig, je nach ihrer aktuell vorherrschenden Gefühlslage, Anpassungen ihrer Ziele vor und verlieren dabei unnötig Geld und auch Nerven.
Es ist auch eine fatale Tücke: Die blinkenden roten und grünen Zahlen auf den Bildschirm beeinflussen uns in unseren

Handlungen. Allerdings sollten sich nur sehr souveräne und erfahrene Trader erlauben, ihre Trades zu verwalten und ihre objektive Analyse immer und immer wieder über Bord zu werfen.

Folgende Tipps sind also goldrichtig, damit Sie auf Dauer erfolgreich am Markt unterwegs sind:

1.   Setzen Sie sich Ziele, erfassen Sie Limits oder Stopp Loss-Grenzen und bleiben Sie diesen treu! Verändern Sie diese Zahlen nach Möglichkeit nicht mehr.

2.   Nehmen Sie stattdessen ein Stück Papier und schreiben Sie auf, was Sie jetzt idealerweise tun möchten. Sehen Sie es als Lernprozess, dass Sie nie immer das Maximale aus Ihrem Trade schöpfen können.

3.   Gehen Sie bei jedem Trade, den Sie am liebsten ändern möchten, folgendermaßen vor: Vergleichen Sie am Schluss (nach Abrechnung) die Zahlen der ersten Gedanken, die Sie als Ziel hatten und den Sie verfolgt haben und den erst nachher veränderten Zahlen.
4.   Nach einer Anzahl von ca. 30 bis 40 Trades können Sie sich ein objektives Bild darüber machen, ob Sie mit Ihrem ersten, spontanen Gedanken besser lagen als mit der erst im Nachgang gebildeten Meinung.

5.   Nur aufgrund diesen Fakten können Sie beurteilen, ob Sie Ihre Trades aktiv managen oder der erste Gedanke der bessere war. Gerade als Anfänger sollte man mit klaren Verluststopps (Stopp Loss-Order erfassen) und Limitierungen arbeiten.

Dieses Instrument dämmt Ihr Risiko ein und Sie können Ihre Erfahrungen selbst sammeln, ohne zu viel Lehrgeld dabei bezahlen zu müssen.

6 . Führen Sie Tagebuch über Ihre Trades

Auch dies ist ein wichtiger Hinweis dafür, dass Sie aus Ihren eigenen Aufzeichnungen heraus sehr viel lernen können. Wer schreibt, der bleibt. Das war schon immer so und diese Weisheit ist, wenn es um Ihr eigenes Geld geht, goldrichtig. Warum ist es so wichtig, Buch über seine Anlage-Erfolge und Verluste zu führen?

Diese Aufzeichnungen haben einen höheren Sinn.

Durch die lückenlose Dokumentation aller von Ihnen getätigten Trades kreieren Sie selbst Ihr individuelles Risiko- und Analysetool. Hier können Sie immer wieder auf Ihre Notizen zurückblicken und vor allem eines: aus Ihren eigenen Fehlern lernen. Mit dieser Hilfe schaffen Sie es, dass sich die Fehler der letzten Woche nicht wiederholen, wenn Sie zum Beispiel häufig zu stark auf Ihre Emotionen hören. Stellen Sie es ab, zu kurzfristig zu denken und schreiben Sie sofort nach dem Erlebnis mit dem Trade alles auf, was hierfür wichtig ist. Warum ist dies entscheidend und Sie sollten den Aufwand eines Tagebuchs unbedingt betreiben – und zwar aktiv? Wir Anleger

Sabine Mühlen

als Trader neigen zu Recency Bias, was nichts anderes heißt als das schnelles Vergessen. Genau deshalb ist die sofortige Aufzeichnung in einer Tabelle oder in einem Dokument das A und O, damit Sie nichts wichtiges vergessen.

Was alles sollten Sie sich in ein Trading Tagebuch notieren?

Hier können Sie in ein Excel- Word- oder Powerpoint-Dokument alles aufschreiben, was Ihnen wichtig erscheint und woraus Sie lernen können. Eine vernünftige Nachbetrachtung ist wichtiger denn je – gerade für den Neuling in Sachen Trading.

Jetzt für Sie ein paar Ideen, was Sie alles notieren sollten:

- Das Resultat Ihres Trades vor und nach den Transaktionskosten. Hier können Sie in Punkten oder Euros alles visualisieren, was wichtig ist.

- Schreiben Sie sich außerdem Ihre Emotionen auf und die Gedanken, die Sie zur Durchführung des Trades veranlasst haben.

- Sind Sie Ihrem Setup glasklar gefolgt oder davon ein klein wenig abgewichen? Wenn Sie diesem nicht treu blieben, was war der Auslöser für die Meinungsänderung? Diesen Fragen sollten Sie auf den Grund gehen!

- Würden Sie den Trade nochmals tägigen und wenn Ja, zu welchen Bedingungen?

- Was können Sie in Zukunft noch besser machen, um noch erfolgreicher zu agieren?

Auch diese Aufzeichnungen helfen Ihnen erheblich dabei, dass Sie Ihren Erfahrungsschatz an der Börse und rund um die Märkte erweitern. So werden Sie es schaffen, Schritt für Schritt aus Fehlern zu lernen und letztendlich auch in finanzieller Hinsicht davon profitieren können. Klingt das nicht nach einem sinnvollen Plan für Ihr Vermögen?

7.   Gehen Sie nur einen Trade ein

Einer der größten Anfängerfehler besteht darin, dass Sie als Einsteiger zu viel auf einmal wollen. Hier werden schnell 5 oder 6 Trades auf einmal geordert, vielleicht auch aus einer Not heraus, dass Sie nicht so richtig wissen, was genau Sie wollen. Schnell verzettelt sich der Trader und weiß am Ende dann gar nicht mehr, was richtig und was falsch war. Den passenden Überblick können nur wahre berufliche Experten bewahren, wenn sie gleichzeitig mehrere Transaktionen verfolgen sollen. Beginnen Sie langsam. Nehmen Sie sich Zeit für Ihr Setup und gehen Sie nach Ziel und Plan vor. strukturiertes Agieren war schon immer ein großer Gewinn für jedes Börsengeschehen, wenn die Anleger von den Kursgewinnen profitieren möchten.

Sabine Mühlen

Alles, was auf Dauer Geld bringen soll und Sie in Sachen Geldanlage weiterbringen wird, kostet im ersten Moment Zeit. Nehmen Sie sich die Zeit für die Informationsaufnahme, deuten Sie den Chart und achten Sie darauf, was im Trend liegt. Wer am Anfang Trends folgt, kann sich auch nach und nach in den Markt vortasten und irgendwann mehr Wagnisse eingehen sowie gerne auch seine Erfahrungen im antizyklischen Handeln sammeln.

Am Anfang zählt: Weniger ist mehr!

Sie haben jetzt 7 goldene Regeln erfahren, die rund um das Daytrading sehr wichtig sind. Gerade als Anfänger können Sie alle Fehler vermeiden, wenn Sie sich systematisch an diese hier gestellten Methoden halten. Natürlich ist jeder Mensch anders und geht auch ein wenig divers mit Gewinnen und Verlusten um. Fakt ist: Nur realisierte Gewinne sind auch tatsächlich erzielte Gewinne. Alles, was Sie in Ihrem Depotauszug sehen und nicht in Cash umgewandelt ist, gehört auch noch nicht Ihnen.

Ein letzter wichtiger Tipp zum Abschluss:

Gönnen Sie sich etwas von Ihren Gewinnen. Reinvestieren Sie einen Teil des Gewinnes aber überschreiten Sie niemals Ihr Budget vom Startkapital. Sie erinnern sich? Nur einen kleinen Teil der eisernen Reserve sollten Sie im Daytrading als

Sabine Mühlen

„Spielgeld" nutzen. Für die Vermögensanlage hingegen ist es wichtig, ein gutes Polster im Backround zu wissen, dass Sie nicht verlieren können.

Ach ja…

Verzeihen Sie sich die Fehler, die Sie zwangsläufig begehen. Wir alle begehen Fehler im Leben – die Kunst besteht darin, deshalb nicht mit sich zu hadern, sondern frohen Mutes weiterzumachen. Wer aus Fehlern der Vergangenheit lernt, wird auf Dauer als Sieger beim Thema Daytrading hervorgehen.

„Am meisten machen wir falsch, wenn wir alles richtig machen wollen."
-Zitat von Helga Schäferling -

Natürlich haben die meisten Menschen den Anspruch, alles richtig zu machen. Dennoch ist übertriebener Perfektionismus auch an der Börse Gift und kein Gold wert!

Sabine Mühlen

X.Diese ganz besondere Strategie: Die 9/30 für Einsteiger

Nun haben Sie schon sehr viel in Sachen Daytrading gelernt. Ich lege Ihnen zu Beginn dringend ans Herz, alle Anfängerfehler, die vor allem in den Emotionen begründet sind, zu vermeiden. Gehen Sie nur einen Trade ein und analysieren Sie mit Hilfe von guten Informationsquellen und fundamentalen Daten den Wert, für den Sie sich entscheiden. Verwenden Sie die einfachen Methoden der Chartanalyse, die Ihnen erheblich dabei helfen können, Kauf- und Verkaufssignale richtig zu deuten und danach zu handeln.

Die meisten Daytrading-Strategien, die Sie auch in immer neuer Form im Internet finden, können auch von Anfängern angewendet werden. Allerdings sollten Sie sich selbst treu bleiben und sorgsam agieren, wenn Sie als Einsteiger den Markt erobern möchten. Welche Assetklasse sich hervorragend eignet, kann hier nicht schnell und plakativ begründet werden. Fakt ist, dass es oftmals die „golden Mischung" aus Aktien, dem schwarzen Gold, dem Rohöl oder anderen Rohstoffen wie Silber, Kupfer und Co und schließlich auch den Devisen ist, mit denen viele Daytrader Geld verdienen. Nichtsdestotrotz können Sie auch auf neue Märkte wie Bitcoins oder Warentermingeschäfte spekulieren. Der Reichtum der Variationen ist hierbei groß – Sie selbst können nur durch fundierte Informationen wissen, welche Assetklasse am besten zu Ihnen und zu Ihren Bedürfnissen passt. Immer wieder werde ich gefragt, welches Startkapital sich lohnt, wenn Sie als

Sabine Mühlen

Daytrader einsteigen möchten. Zu diesem Thema kann ich Ihnen nur folgende Sätze verkünden:

Investieren Sie nur einen Bruchteil von Ihrem Geld und denken Sie daran, dass Sie dieses Geld auch als Verlust abschreiben könnten! Das ist ein guter Bonus, denn es ist wichtig, neben dem Trading eine vernünftige Anlagestruktur mit diversen Möglichkeiten zu nutzen. Ganz nach dem richtigen Sinn für die Vermögensstrukturierung gehören Betongold, die klassischen Immobilien, Aktien, Rohstoffe und das nötige Polster an Liquidität mit ein paar Festgeldern sowie verfügbaren Reserven zu einer gut strukturieren Geldanlage. Bedenken Sie außerdem, dass Sie Ihre Altersvorsorge aufbauen, um auch später von einem finanziellen Polster leben zu können. Vom Restbetrag, der Ihnen gut gefällt und den Sie investieren möchten als kleines Spielgeld, können Sie sich an das Daytrading heranwagen. So steht das Wertpapiergeschäft auf einem soliden Fundament und Sie werden sich selbst mit Freude ins Trading-Geschäft einfinden dürfen.

Nun stelle ich Ihnen als Bonus-Teil noch eine ganz besondere Strategie vor. Sie kann als 9/30-Setup für den Einsteiger deklariert werden. Wer also alle Grundregeln beim Daytrading beherrscht, sollte sich mit dieser Technik anfreunden:

Sabine Mühlen

Die 9/30-Methode:

Sie sollten sich ein wenig mit Chats auskennen und die gleitenden Durchschnittslinien einen Wertes beobachten. Danach gehen Sie nach folgenden Regeln vor:

1.Die besten Trades des 9/30-Setups beim Daytrading sind die sogenannten Pullbacks (Rücksetzer), die Sie in einem Chart sehr leicht erkennen können. Hierbei werden mit neuen Kreuzen die gleitenden Durchschnittslinien durchbrochen.

2.Sollten Sie bei einem Wert, den Sie beobachten, dieses Kreuz in der Durchschnittslinie sehen, können Sie einen Trade danach ausrichten.

3.Die 9/30 Trading-Strategie nutzt diese Retracements. Wenn Sie nach diesem Signal gehen, folgen Sie ganz automatisch einem Trend. Bestimmte Analysetools beim Chart zeigen Ihnen sehr häufig genau dieses Signal an.

4. Wenn Sie nun kaufen, können Sie Ihr Gewinnziel im Vorfeld festlegen. Platzieren Sie Ihre avisierte Summe immer am vorigen Hoch/Tief des Trends, der Ihnen im Chart angezeigt wird. Meist finden Sie hier eine Signalkerze, die Ihnen Hinweise über eine Bandbreite von avisierten Zielen gibt.

Sabine Mühlen

5.   Wie sollten Sie den Verluststopp platzieren? Hier wählen Sie eine genaue Summe, die einen Tick unter/über der Signalkerze liegt. Bitte nehmen Sie bei diesen Stopps und Limitierungen beim Kauf und Verkauf niemals Anpassungen vor. Diese Weisheit ist auch bei der 9/30-Strategie elementar wichtig, da sie nur aufgrund charttechnischer Werte Ihre Entscheidungen treffen.

Mit diesen 5 Schritten haben Sie eine vernünftige Daytrading-Strategie für Anfänger. Diese Regel basiert vor allem aufgrund von charttechnischen Signalen, die Sie befolgen sollten. Denken Sie aber stets daran, dass die beste Daytrading-Strategie für den Einsteiger nicht als generelles Setup für Jedermann dient. Es liefert einen guten Start zum Erfolg, letztendlich jedoch bestimmt der Anlageerfolg eine Vielzahl von Informationen, die Sie alle tief in sich befolgen sollten.
Es gibt Trading Setups wie Sand am Meer. Aus dieser Sammlung können Sie, wenn Sie erste Erfahrungen am Markt gesammelt haben, die für Sie passendsten herausfiltern. Wenn Sie effektives Daytrading lernen möchten, zählt nur eines: „Learning by donig" – sammeln Sie Ihre Erfahrungen und werden Sie dabei klug. Das ist das Fundament für den Erfolg des Anlegers.

Beachten Sie bitte, dass der Verstand niemals ausgeschaltet werden darf. Gier frisst Hirn und Panik macht uns impulsiv. Beide Arten, mit Geld umzugehen, sind alles andere als vom

Sabine Mühlen

Erfolg gekrönt. Vor allem zählt eines: Bleiben Sie sich selbst treu und steigen Sie dann aus, wenn Sie Ihr Limit erreicht haben. Wer im Anschluss den Kurs nicht weiterhin verfolgt, schont seine Nerven und ärgert sich nicht noch zusätzlich im Nachgang. Fast niemand ist in der Lage, stets das Maximale aus einen Trade herauszuholen.

„Ich habe bei meinen Börsenspekulationen nie zu den Dummköpfen gehört, die immer wieder den unmöglichen Versuch machen, nur zum niedrigsten Kurs zu kaufen und zum höchsten zu verkaufen"
-Zitat von Amschel Meyer Rothschild –

Sabine Mühlen

XI. Fallstricke vermeiden

In diesem Buch, das sicher keine Werbebotschaft für das Daytrading ist, sondern vor allem der sinnvollen Wissensvermittlung dienen soll, will ich jetzt noch im letzten Kapitel darauf eingehen, wie wichtig es ist, kühlen Kopf zu bewahren und niemals in die bösen Fallen zu geraten, die mit dem Daytrading verbunden sind. Aus diesem Grunde habe ich noch ein paar Beispiele aus der Praxis ermittelt, die Ihnen aufzeigen sollen, wie wichtig es ist, mit Sinn und Verstand in die Welt der Börse einzusteigen.

Hier ein paar Fakten, die Sie tief in Ihrem Herzen verinnerlichen sollten, damit es zu keinen bösen Überraschungen beim Trading kommen wird:

- Ich kann es nur in einer Art der Gebetsmühle immer und immer wieder hier im Buch sagen: Investieren Sie niemals zu viel Geld in einen Trade. 10 % von Ihrem Notgroschen, der sich wiederum aus ca. 3 Netto-Haushaltsgehältern berechnet, ist wirklich genug, in die Märkte beim Daytrading für Spekulationen einzusetzen. Meist bleiben hier nicht mehr als 1.000 oder 2.000 Euro übrig, die Sie beim Daytrading auf einen Wert setzen können.

- Werden Sie niemals spielsüchtig oder denken Sie bei Verlusten: „Jetzt ist es ohnehin schon egal" oder „Vielleicht nehme ich noch zusätzlich Schulden auf, um die Verluste

Sabine Mühlen

wieder ausgleichen zu können!"

- Hebeln Sie Ihr Geschäft niemals schon am Anfang. Erst mit einem gewissen Erfahrungsschatz können Sie beim Leverage den Hebel auswählen und damit Risiken und Chancen vervielfachen. Doch auch hier ist absolute Vorsicht geboten. Jeder integrierte Hebel kann Sie hohen Verlustrisiken aussetzen.

- Selektieren Sie gründlich und streuen Sie stets das Risiko. Richten Sie bitte die Assetklassen in einer gewissen Mischung aus. Diversifikation – so lautet das Zauberwort an der Börse.

- Sprechen Sie nicht so viel mit „augenscheinlichen Profis" über Ihr Vorhaben und lassen Sie sich von diesen Gurus beeinflussen.

- Bitte behalten Sie stets alle Kosten für Depot und Transaktionen im Auge.

- Versteuern Sie Ihre Gewinne ordnungsgemäß und geben Sie den Betrag so in der Steuererklärung an, wie es das jeweilige Land, in dem Sie wohnen, vorschreibt.

- Buchen Sie keine teuren Coachings, die Ihnen augenscheinlich nur verkauft werden, weil einer an Ihnen verdienen will: Der Trainer oder ein Finanzinstitut.

Sabine Mühlen

Daytrading ist keine Kunst. Mit diesem Buch sind Sie gewarnt und gut informiert zugleich.

- Arbeiten Sie nur mit Limits und Orders nach Stopp Loss. Kommen Sie von diesen Gedanken nicht ab. So können Sie auch einmal dann verdienen, wenn Sie nicht permanent online sind.

- Sind Sie zufrieden mit erwirtschafteten Gewinnen und hören Sie rechtzeitig mit dem Daytrading auf.

- Schießen Sie kein Geld nach. Realisieren Sie Verluste und ziehen Sie Ihre Schlüsse daraus.

- Nutzen Sie niemals Informationsquellen, die nicht seriös sind. Auch teure Anlagetools und Chart-Programme sind nicht notwendig, wenn Sie gut informiert Ihre Order tätigen.

- Unterschätzen Sie niemals die Zeit, die Sie mit dem Trading einsetzen. Daytrading kostet Zeit - viel Zeit. Außerdem sollten Sie sich stets mit den aktuellen Informationen ausstatten, damit Sie möglichst richtig auf die Märkte reagieren.

- Tragen Sie keine Illusionen in sich, wenn Sie mit dem Trading beginnen. Freuen Sie sich über kleine Gewinne und gönnen Sie sich davon etwas ganz besonderes. Sind Sie mit

Sabine Mühlen

den „kleinen Brötchen, die der Bäcker bäckt" zufrieden und reinvestieren Sie nicht jeden Euro, den Sie verdienen.

Gier frisst Hirn – diese alte Börsenweisheit sollten Sie niemals vergessen.

- Bilden Sie sich weiter. Daytrading ist ein laufender Prozess, an dem Sie nur teilhaben können, wenn Sie sich up to date halten.

Um Ihnen die Risiken nochmals zu verdeutlichen, stelle ich Ihnen hier ein paar Beispiele aus der Praxis vor, bei denen das Daytrading den Menschen fast zum Verhängnis wurde. Denken Sie einfach an Peter, das Beispiel am Anfang meines Buches. Sie erinnern sich? Peter hatte schon Erfahrungen mit dem Wertpapiermarkt und wusste als Rückhalt ein solides Finanzpolster zu schätzen, das ihm ein sorgenfreies Leben ermöglicht. So ist es sinnvoll, und NUR so, sich langsam in den Markt beim Daytrading einzufinden.

Beispiel 1: Alleinstehender Single will seine Altersvorsorge aufbauen

David ist ein Single im Alter von 40 Jahren und möchte keine Versicherungen abschließen. Ein monatlicher Sparvertrag, um für die Zukunft im Alter vorzusorgen, erscheint ihm zu langweilig. Stattdessen möchte er konsequent von seinen Ersparnissen monatlich mindestens 1.000 Euro dafür verwenden, mit Aktien Geld zu verdienen und diese immer

wieder umzuschichten. David verdient schließlich 3.800 Euro netto und möchte sinnvolle und vor allem rentable Rücklagen bilden, damit er sich schon im Alter von 55 Jahren in den Ruhestand verabschieden kann.

Den ersten Monat hat David große Erfolge und verdoppelt fast mit dem richtigen Leverage schnell seine 1.000 Euro auf1.890 Euro. Im nächsten Monat will er nicht nur 1.000 Euro investieren, sondern setzt 4.000 Euro als gesamte Summe auf nur einen Trade in Währungen. Dieses Geschäft geht schief. Doch David gibt nicht auf und investiert immer mehr in die Forex, bis fast seine ganze Ersparnisse aufgebraucht sind. Frustriert gibt er auf uns sagt sich: „Daytrading bringt nur Verluste! So etwas grenzt doch an Betrug!"

In diesem Beispiel hat David fast alles falsch gemacht, was er falsch anpacken kann.

-Eine Altersvorsorge kann kein Mensch mit Hilfe vom Daytrading aufbauen!

-David meint, er muss jeden Monat genau die gleiche Summe investieren und will auch die Gewinne vom ersten Monat natürlich sofort reinvestieren. Das kann nicht gutgehen, warum? Es kostet viel zu viel Zeit und geht nicht auf den Verlauf der Märkte ein, so am Markt zu agieren.

Sabine Mühlen

- Die Forex mit den gehandelten Devisen ist kein guter Rat, um langfristig mit Derivaten Gewinne zu generieren.
- David arbeitet nicht mit Limits und setzt sich unnötigen Gefahren am Markt aus.
- Bei Verlusten verfällt er in Gedanken von Panik und Frust, was ebenso kein guter Rat am Markt ist. Das gilt auch für die anfänglich entstandene Gier nach dem ersten Monat beim Trading.
-

Eine seriöse Altersvorsorge kann jeder Anleger auch mit einem monatlichen Sparvertrag in Fonds oder ETF´s (Aktien-Indexfonds) aufbauen. So wird er automatisch an der Entwicklung der Märkte teilhaben und baut sich, bis zur Rente, sicherlich ein anständiges Vermögen ohne großen Zeitaufwand und Strapazen der Nerven auf.

Beispiel 2: Ehepaar möchte das einzige Geld als Reserve ins Daytrading investieren

Das Ehepaar Schmitt ärgert sich schon sehr lange darüber, dass es auf dem Sparkonto für die dort verwahrten 10.000 Euro und auf dem Geldmarktkonto keinerlei Zinsen mehr zu verbuchen gibt. Frau Schmitt sagt zu ihrem Mann: „Du sitzt den ganzen Tag am Computer und surfst im Internet. Da könntest Du doch auch unsere Geld in einem Depot selbst verwalten und mit dem Daytrading endlich mehr aus unseren Reserven machen!"
Gesagt – getan. Herr Schmitt informiert sich in Tools über die richtigen Aktienwerte und baut auf Gold, weil er denkt, dass

dieses Edelmetall, neben Aktien, die Zukunft ist und vor Inflation schützen würde. Ohne Demokonto investiert er jeweils 5.000 Euro in einen Fonds mit Goldminen und in einen Wert, der den deutschen Aktienindex DAX spiegelt. Jeden Tag verfolgt er die Märkte, die manchmal fallen und steigen und versucht, Kurssprünge stets zum absolut richtigen Einstieg und Ausstieg zu nutzen. Er merkt zwar, dass hohe Transaktionskosten bei jeder Order anfallen, doch er denkt sich einfach, dass er permanent handeln und traden muss, um optimal verdienen zu können. Schnell wird aus dem einzig ersparten Vermögen nur noch ein Wert von 3.000 Euro was zum Krisengespräch mit seiner Ehefrau führt.

Welche Fehler begeht in diesem Beispiel Herr Schmitt?

-Herr Schmitt will ohne Demokonto sich im Daytrading sofort mit dem „echten Geld" einkaufen.

- Seine Frau überredet Herrn Schmitt fast ein wenig dazu, mehr aus dem Vermögen zu machen, ohne sich selbst in die Märkte einzufinden. Es wäre vermutlich besser, wenn sich beide Partner um die Finanzen kümmern würden und sich gegenseitig im Informationsaustausch unterstützten.
- Es kann niemals gut gehen, die einzigen Reserven von 10.000 Euro im Daytrading einzusetzen. Das ist viel zu riskant. Besser wäre es, mit ein paar Hundert Euro sich langsam an den Markt heranzutasten.

-Euro sich langsam an den Markt heranzutasten.

-Das Klumpenrisiko mit nur 2 Werten für das komplette Vermögen ist viel zu groß, das hier eingegangen wird.
-Das Ehepaar hat die hohen Transaktionskosten unterschätzt, die stets die Nettorendite schmälern.

Was würde sich in diesem Falle anbieten für die Eheleute Schmitt, das Sparbuch umzuschichten? Es wäre möglich, ein Depot zu eröffnen, in Sachwerte wie Aktien oder Rohstoffe zu investieren und das Vermögen einfach für viele Jahre liegen zu lassen. So kann es wachsen und dem langfristigen, strukturieren Vermögensaufbau dienen. Auch ein monatlicher Sparvertrag hilft dabei, den Einstiegspreis im Durchschnitt zu optimieren.

Beispiel 3: Eine Studentin möchte Ihr Geld schnell vermehren und sich einen Auslandsaufenthalt erwirtschaften

Leonie ist eine junge Studentin mit dem Schwerpunkt Betriebswirtschaft und kennt sich recht gut mit den Märkten aus. Ihre Eltern schenken ihr 2.000 Euro für ein Auslandssemester, das in einem Jahr anstehen soll. Dieses Geld will nun die charmante Leonie möglichst effizient vermehren und kauft sich jeweils an der Forex zwei Derivate auf steigenden US-$ und den Schweizer Franken. Die Kurse entwickeln sich nicht nach Plan und nach jedem Tag sehr intensivem Zeiteinsatz, die am Computer und mit dem Blick in die

Sabine Mühlen

-Euro sich langsam an den Markt heranzutasten.

-Das Klumpenrisiko mit nur 2 Werten für das komplette Vermögen ist viel zu groß, das hier eingegangen wird.
-Das Ehepaar hat die hohen Transaktionskosten unterschätzt, die stets die Nettorendite schmälern.

Was würde sich in diesem Falle anbieten für die Eheleute Schmitt, das Sparbuch umzuschichten? Es wäre möglich, ein Depot zu eröffnen, in Sachwerte wie Aktien oder Rohstoffe zu investieren und das Vermögen einfach für viele Jahre liegen zu lassen. So kann es wachsen und dem langfristigen, strukturieren Vermögensaufbau dienen. Auch ein monatlicher Sparvertrag hilft dabei, den Einstiegspreis im Durchschnitt zu optimieren.

Beispiel 3: Eine Studentin möchte Ihr Geld schnell vermehren und sich einen Auslandsaufenthalt erwirtschaften

Leonie ist eine junge Studentin mit dem Schwerpunkt Betriebswirtschaft und kennt sich recht gut mit den Märkten aus. Ihre Eltern schenken ihr 2.000 Euro für ein Auslandssemester, das in einem Jahr anstehen soll. Dieses Geld will nun die charmante Leonie möglichst effizient vermehren und kauft sich jeweils an der Forex zwei Derivate auf steigenden US-$ und den Schweizer Franken. Die Kurse entwickeln sich nicht nach Plan und nach jedem Tag sehr intensivem Zeiteinsatz, die am Computer und mit dem Blick in die

Sabine Mühlen

App auf dem Smartphone vergeudet werden, ist das Vermögen nach einem halben Jahr fast komplett verspielt. Noch dazu kann sich Leonie kaum auf ihr Studium konzentrieren, worunter die Noten leiden. Den Eltern erzählt sie nicht von ihrem Missgeschick aus einer Scham heraus und mit einem tiefem schlechtem Gewissen.

Was macht in diesem Falle Leonie falsch?

- Sie denkt, dass es ein Spaziergang wäre, an der Forex Geld zu verdienen.

- Die investierte Zeit sowie die Kosten werden unterschätzt.
- Das geplante Geld für ein Auslandssemester hätte kein langes Zeitfenster, Gewinne auf Dauer zu erwirtschaften. Es ist somit schwer, das Auslandssemester mit der von den Eltern gespendeten Summe auch antreten zu können, da der Verlust nicht mehr aufgeholt werden kann.
-

Am besten wäre es, Leonie spielt mit offenen Karten und spricht offen mit ihren Eltern über ihr Missgeschick. Außerdem sollte sie aus dieser Erfahrung lernen und niemals Geld, das einem Zweck dient und in ca. einem Jahr ausgegeben wird, hochspekulativ anlegen. Trader denken zwar kurzfristig aber sollten nie Geld investieren, das sie dringend brauchen.

Sabine Mühlen

Beispiel 4: Ein Mann benötigt dringend Geld und setzt am Markt alles auf eine Karte

Dieter ist verschuldet und möchte die Schulden für sein Auto in einem halben Jahr zurückbezahlen. Er weiß fast keinen Ausweg mehr und denkt sich: „Jetzt ist es sowieso schon egal. Ich leihe mir jetzt nochmals Geld und lege es in einen Index an, der sehr starken Schwankungen ausgesetzt ist. Mein Kollege hat mit diesem Papier sehr viel Geld verdient!" So leiht sich Dieter nochmals bei Freunden Geld und investiert alles in diesen besagten Einzeltitel. Keine Überraschung: Nach einem halben Jahr ist alles verspielt, noch dazu besitzt Dieter einen größeren Schuldenberg als je zuvor.

In diesem Beispiel machte der Trader alles falsch, was man falsch machen kann. Schulden aufzunehmen, um spekulieren zu können, ist der größte Fehler, den Menschen begehen können. Für Dieter ist spätestens jetzt der Gang zum Schuldnerberater, nach meiner Ansicht, der einzige Weg, aus der misslichen finanziellen Lagen wieder herauszufinden.
In Deutschland ist es auch bei bestimmten Voraussetzungen möglich, Privatinsolvenz anzumelden. Zu diesem Thema sollte sich Dieter professionellen Rat einholen.

Sabine Mühlen

Beispiel 5: Ein Ehepaar will sich zusätzliches Geld verdienen, um das Alter zu genießen

Das Ehepaar Meier ist um die 50 Jahre alt und die Kinder sind längst erwachsen und unterhalten ihren eigenen Hausstand. Die Meiers besitzen ein kleines Reihenhaus und außerdem schon ein Depot, in dem sich Aktien, Rentenpapiere und ein paar offene Immobilienfonds befinden. Nun erhält Herr Meier eine Tantieme aufgrund seiner besonderen Leistungen, die er in der Firma in diesem Geschäftsjahr erbracht hat. Frau Meier spekuliert sehr gerne und ihr Mann will ihr eine Freude machen. Die Tantieme beträgt 7.000 Euro und das Ehepaar Meier besitzt außerdem ein Barvermögen von ca. 15.000 Euro als Notgroschen. Die Summe kann zu jedem Zeitpunkt ohne Kündigung vom Konto abgehoben werden. Herr Meier sagt zu seiner Frau: „Ich finde, Du solltest einmal ein wenig Daytrading betreiben, da Du Dich so gerne um die Finanzen kümmerst. Außerdem wolltest Du schon lange Charts deuten lernen und deshalb solltest Du Dich im Daytrading mal ausprobieren. Nimm von meiner Tantieme doch einmal 2.500 Euro her, das ich Dir hiermit als Spielgeld überlasse!"

Frau Meier freut sich und liest sich ein wenig in den Markt ein. Sie tauscht sich mit ein paar Freundinnen aus, die in der Bank arbeiten und versucht ihr Glück, indem Sie bei einem Demokonto verschiedene Wertpapiere testet. Außerdem will sie auf den steigenden Goldpreis setzen. Nach einem halben Jahr an Selbstversuchen auf einem Demokonto fühlt sie sich fit

Sabine Mühlen

genug, um mit den 2.500 Euro ein reales Depot zu eröffnen. Vorsichtig tastet sie sich an den Markt heran und vergisst, Limits zu erteilen. So werden manche Order billigst abgerechnet, was Frau Meier ein wenig ärgert, da sie denkt, sie hätte die Wertpapiere auch günstiger kaufen können. Nach drei Monaten Erfahrung mit Kursen und dem Daytrading hat sich das Vermögen auf 2.700 Euro erhöht, nach Abzug aller Kosten. Frau Meier sagt etwas enttäuscht zu ihrem Mann: „Ich habe jetzt so viel Zeit investiert und nicht einmal 10 % Ertrag nach Kosten in 3 Monaten verdient." Herr Meier entgegnet seiner Frau liebevoll: „Ach Schatz, das ist doch ein toller Erfolg! Außerdem hast Du jede Menge gelernt und Erfahrungen gesammelt. Ich finde es klasse, dass Du innerhalb so wenigen Wochen schon mehr aus unserem Geld erwirtschaftet hast!"

Was hat Frau Meier falsch gemacht?

Gar nichts! Aus ihrem ersten Fehler, kein Limit zu setzen, hat sie schnell gelernt. Ein Tagebuch mit genauen Notizen könnte ihr Wissensspektrum noch erweitern, damit sie alle wichtigen Erlebnisse nicht vergisst, die sie beim Trading sammeln darf. Außerdem sollte die Dame kleine Erfolge zu schätzen wissen, um sich selbst zu motivieren, bei Daytrading Spaß zu haben. Ein Anlage-Erfolg in drei Monaten ist als absoluter Mehrwert und keinesfalls als Misserfolg zu werten, weil sage und schreibe einmal 200 Euro netto verdient wurden. Der Erfahrungsschatz, gerade in der Anfangszeit, ist enorm wichtig. 200 verdiente Euro sind ein großer Erfolg für einen Anfänger!

Frau Meier sollte sich weiterhin informieren und nach und nach ihr Wissensspektrum erweitern. Außerdem kann Sie anhand ihrer Aufzeichnungen auch langsam höhere Summen investieren und nach Bedarf auch eine Pause beim Trading einlegen. Ein solider Erfolg ist besser als die Gier nach Geld, Macht und Geld-Gewinnen, die auf Dauer nicht realistisch erscheinen.

In diesem letzten Kapitel mit tatsächlich stattgefundenen Fällen aus der Praxis will ich Ihnen auf keinen Fall die Lust auf das Daytrading nehmen. Mir geht es vorwiegend darum, Sie vor unrealistischen Erwartungen zu schützen und sich selbst darin zu testen, mit welcher Art vom Daytrading Sie am besten klarkommen.

Gerne spreche ich Ihnen den Mut aus, mit realistischen Einschätzungen den Markt besser kennenzulernen. Genau so macht es große Freude, sein Wissensspektrum zu erweitern und rund um das Thema Chart, Wirtschaft und Finanzen sich stets auf den aktuellen Stand der Informationen zu halten. Bleiben Sie also gelassen und cool, wenn Sie ihr erstes Demodepot eröffnen. So werden Sie selbst eigene Ideen sammeln, die Sie im Leben letztendlich weiterbringen. Wetten...dass – es mit einer realistischen Einschätzung Spaß macht, mit Trades selbst aktiv zu werden?

Sabine Mühlen

XII. Daytrading für Berufstätige

Wie ich Ihnen schon erklärt habe, ist der Beruf eines Traders ein eigener Job. Sie sollten also, wenn Sie als Einsteiger so „nebenbei" mit dem Trading beginnen möchten, stets darauf achten, dass Sie in keinem Falle das Zeitfenster aus den Augen verlieren, in dem Sie traden. Nun, wie Sie wissen, kostet es Zeit, Informationen zu sammeln und auch Zeit, wenn Sie ordern und die genau richtigen Positionen zum passenden Zeitpunkt schließen möchten. Genau aus dem Grund stelle ich in diesem Extra-Kapitel noch ein paar wichtige Basics vor, die Sie unbedingt beachten sollten, wenn Sie als Berufstätiger „nebenbei" traden. Bedenken Sie stets, dass Sie mit kleinen Summen beginnen sollten und wissen müssen: „Es wird mit Sicherheit Lehrgeld kosten, dass ich beim Daytrading nachhaltig Erfolge generieren kann."

Mit dieser Einstellung können Sie auch bei überschaubarem Zeiteinsatz Spaß und Erfolg beim Trading haben. Traden Sie nicht permanent und setzen Sie sich nicht ständig damit unter Druck, immer live am Markt mit dabei zu sein. Als Berufstätiger haben Sie nicht die Zeit dazu, während der Handelszeiten an der Börse alle Kurse in Realtime zu verfolgen.

Das sollten Sie als Berufstätiger beachten, wenn Sie mit dem Daytrading durchstarten:
Trends handeln ist wichtig, doch ist es möglich, das absoluten Top oder Tief zu erreichen? Denken Sie, dass ein professioneller

Sabine Mühlen

genau die besten Kurse für sich erzielen kann, damit er am meisten des möglichen Ertrages aus seinem getätigten Geschäft herausholen kann?

An diesen durchaus provokanten Fragen sehen Sie: Berufstrader begehen nicht den Fehler, stets das Maximale zu wollen. Sie verfolgen Trends und sind mit kleinen Gewinnen zufrieden. Sie setzen Limits und wissen, dass Sie mit einem Ertrag von 10 % oder 15 % pro Basiswert zufrieden sein dürfen. Selbst dann, wenn die Kosten davon noch abgezogen werden, bleibt hier noch genug Profit übrig. Setzen auch Sie also moderate Limits und Stopp Loss-Marken, die Ihnen einen guten Gewinn in Aussicht stellen. Kein Mensch kann immer das absolute Tagestief oder Tageshoch erreichen. Diesen wichtigen Punkt können Sie von jedem Berufstrader erlernen – achten auch Sie darauf, dass Sie als Berufstätiger voll und ganz im Job aufgehen und das Trading als „Hobby für den Einsteiger" betrachten – immer! Alles, was für Sie zu sehr in Stress und Hektik ausartet, wird mit Sicherheit nicht vom Erfolg gekrönt sein.

Was ist außerdem noch wichtig, wenn Sie neben dem Alltag im Job keine Fehler beim Traden begehen möchten? Pflegen Sie das richtige Risikomanagement – das ist das A und O, dass Sie beim Trading erfolgreich sind. Risikomanagement ist ein großes Wort, das Sie vor allem dann, wenn Sie einem täglichen Beruf nachgehen, tief in sich verankern sollten. In diesem Sinne ist es wichtig, die richtigen Trends zu verfolgen, nur eine überschaubare Summe zu investieren und außerdem genügend

andere finanzielle Reserven im Hinterhalt zu wissen, damit Sie stets ruhig schlafen können. Die Börse sollte Sie niemals zu sehr mit Verlustrisiken belasten. Wenn Sie jedoch alle wichtigen Grundregeln dieses Buches beachten, gehen Sie auf Nummer sicher, auch wenn Sie im Berufsleben stehen und sich nebenbei im Trading bewegen. Gerade das Swingtrading ermöglicht Ihnen ein wenig Freiraum, die gesetzten Limits innerhalb einer bestimmten Zeitspanne zu erreichen. Das schenkt Ihnen Luft zum Atmen und jedem Spekulanten die Möglichkeit, sich auf andere Dinge im Leben zu konzentrieren, als nur Realtime-Kurse zu verfolgen.

So komme ich schon zum letzten Punkt, den Sie als Daytrader beherzigen sollten.

Geben Sie dem Trade etwas Raum und Zeit, dass er sich entwickeln kann. Kein Mensch muss in der reinen Scalping-Technik stets das Ziel vor Augen am gleichen Tag erreichen. Sie sollten den Kopf frei haben, jeden Tag sich auf das Hier und Jetzt zu konzentrieren. Die meisten Menschen können während der Handelszeiten, wenn sie keine professionellen Trader sind, nicht ständig online sein. Genau aus diesem Grunde dürfen Sie sich auch in einem Demokonto zuerst mit Trends, Limits, Chartsignalen und Co beschäftigen, um als beruflich engagierter Mensch ein Feeling für den Markt zu bekommen. So stehen die Chancen mehr als gut, dass Sie als Daytrader nach der Zeit mit dem Demokonto ruhig und gelassen bleiben, auch wenn sich eine Position nicht sofort innerhalb weniger Stunden

Sabine Mühlen

schließen lässt. Coolness und Cleverness – dies sind die Zauberworte an der Börse, die Sie auch als Daytrader beherzigen sollten.

Beachten Sie also, dass Sie nicht ständig am Smartphone Ihre Zeit verbringen, wenn Sie sich ins Geschäft einkaufen. Bleiben Sie locker und cool, wenn nicht an jedem Tag die Kurse genau nach Ihrem Plan verlaufen. Misserfolg und Erfolg gehören zu jedem Leben, doch: Nur Sie selbst können durch Ihre Misserfolge lernen. Zeigen Sie Stärke, dass Sie sich nicht von den Realtime-Kursen, die auf dem

Smartphone aufblinken, auf Dauer stressen lassen. Sie sind weder Sklave der Technik noch von der Börse abhängig. Sie möchten aus dem Daytraden ein lukratives Hobby für Ihren Alltag kreieren? Genau diesen Fokus sollten Sie sich stets immer wieder vor Augen führen. Nur so stehen die Chancen mehr als gut, dass Sie beim Daytrading auch nachhaltig Geld generieren werden. Sollte der Spaß nicht im Vordergrund stehen, damit Sie mit Freude gute Kurse für sich in Cash umwandeln? Ganz genau hier besteht die Kunst in Sachen Börse, die auch Sie als Berufstätiger lernen können.

„Es gibt tausend Möglichkeiten, Geld loszuwerden, aber nur zwei, es zu erwerben: Entweder wir arbeiten für Geld – oder das Geld arbeitet für uns."
- Zitat von Bernard Mannes Baruch -

Sabine Mühlen

XIII. Fazit

Daytrading ist eine kleine oder gar große Kunst, die Sie lernen können. Die Tatsache, dass es kaum noch Zinsen am deutschen und europäischen Markt zu erwirtschaften gibt, zieht immer mehr Anleger und Trader in die innovativen Märkte, die es beim Daytrading zu erobern gibt. Doch bitte bleiben Sie realistisch. Setzen Sie sich keinen unnötigen Gefahren aus und investieren Sie in kleinen Summen, die Sie bei einem Totalverlust entbehren können. Fakt ist, dass die Spielsucht viele schon an der Börse in den finanziellen Ruin getrieben hat. Genau aus diesem Grund sollten Sie alle Fehler, die beim Daytrading entstehen könne, von Anfang an vermeiden.

Trading macht dann Spaß, wenn Sie gewinnen. Ich wünsche Ihnen, Schritt für Schritt, einen guten Einstieg in das Geschäft rund um die Börse und die Finanzen. Bitte bleiben Sie realistisch und cool – denn Daytrading braucht Geduld, Struktur und einen genauen Plan, wenn Sie damit erfolgreich sein möchten.

In diesem Sinne wünsche ich Ihnen: Gutes Gelingen rund um die Märkte und Ordererteilung beim Daytrading. Bleiben Sie am Ball und lassen Sie sich niemals von den Emotionen wie Panik, Angst oder Gier überrollen. Nur so werden Sie mit System die richtigen Trends nutzen und sich auch in alle kleinen und doch so wichtigen Details beim Daytrading einfinden. Step by Step schaffen Sie es genau dann, dass Sie beim Daytrading durch Ihre eigenen Erfahrungen lernen und Spaß daran finden, Ihr Vermögen auf dem Depot wachsen zu sehen. Ganz nach dem

Sabine Mühlen

Motto des bekannten Volksspruchs: „Vorsicht ist die Mutter der Porzellankiste" können Sie es vielen Gleichgesinnten nachmachen: Sie verdienen Geld und haben Spaß beim Daytrading. Für dieses Vorhaben wünsche ich Ihnen jetzt schon: viel Spaß und Erfolg. Glauben Sie an sich und Ihre Erträge und begeistern Sie sich für das Trading.

Als Neuling in der Welt rund um die Märkte dürfen Sie sich diesen Spruch auf Ihre innere Fahnenstange schreiben:

„Auch ein Wolkenkratzer entstand einmal mit dem Kellergeschoss!"
Genießen Sie, Schritt für Schritt ein neues Terrain rund um die Börse und Kurze zu erobern. Glauben Sie an sich und an Ihren Erfolg.

Ihre

Sabine Mühlen

Sabine Mühlen

Copyright & Impressum

Copyright © 2023 Sabine Mühlen

Alle Rechte vorbehalten. Kein Teil dieses Buches darf ohne schriftliche Genehmigung des Autors / der Autorin reproduziert, veröffentlicht, verbreitet oder auf andere Weise übertragen oder in einem Datenspeicher- oder -abrufsystem gespeichert werden, unabhängig von den Mitteln.

Haftungsausschluss: Die in diesem Buch enthaltenen Informationen dienen ausschließlich zu Informationszwecken. Der Autor / die Autorin übernimmt keine Haftung für Schäden oder Verluste, die sich aus der Anwendung der in diesem Buch enthaltenen Informationen ergeben. Es wird keine Garantie oder Zusicherung in Bezug auf die Richtigkeit, Vollständigkeit oder Eignung der in diesem Buch enthaltenen Informationen gegeben. Der Leser / die Leserin ist allein verantwortlich für die Verwendung dieser Informationen und sollte sich bei Bedarf professionell beraten lassen.
Alle genannten Marken, Produktbezeichnungen und Warenzeichen sind Eigentum der jeweiligen Inhaber und werden in diesem Buch nur zu Informationszwecken verwendet.

Verlag: MaMa Verlag
Impressum:
Anna Werner-Netzer, Garzweiler Allee 99, 41363 Jüchen

www.ingramcontent.com/pod-product-compliance
Lightning Source LLC
Chambersburg PA
CBHW070339220526
45467CB00001B/181